可以生氣，但不要動不動就發脾氣

養成讓人生好轉的不生氣習慣

種市勝覺——著
盧姿敏——譯

前言

翻轉人生的「不生氣」習慣養成

首先要感謝翻閱這本書的你。請問你平常是否容易出現以下的狀況？

「容易焦躁沮喪。」

「人際關係不佳。」

「常被自己的情緒左右，覺得心很累。」

「容易發脾氣，事後又為此懊悔不已。」

人的情緒是由內心產生，或許你會覺得它難以控制。

憤怒和沮喪這類的情緒表現既不能說它好，也不是絕對的壞，但如果這些反應太頻繁出現，為工作或人際關係帶來困擾的話，那麼建議按照本書介紹的方式來改善。

這不是一本教你不要生氣的書，而是對這種與生俱來的情緒表現，想辦法養成選擇「不生氣」的習慣，書中將會介紹許多方法和技巧。

只要養成不生氣的習慣，人生將會出現某種程度甚至是戲劇化的轉變。

我本身從事顧問工作，上門諮詢的個案從人際關係、財務問題、工作、公司經營等問題不一而足。工作內容是透過建議及個案討論來改善及解決問題，雖然上門的客人所提出的問題五花八門，但大部分的人都是以這句話來為自己的生活做總結。

「無論是工作或人生都沒有朝向自己期待的方向進行。」

本書想要傳授的是讓人生澈底改變的「獨門絕活」，也就是「不生氣的習慣力」。澈底實踐本書介紹的方法，將會感受到以下、也是找我諮詢的客人共同的心聲。

- 每天生活踏實而且充滿幸福感。
- 不再因不愉快的事、無法接受的結果和挫敗覺得沮喪。
- 人際關係煩惱大幅減少。
- 碰到麻煩時得到更多人的幫助。
- 焦躁沮喪減輕而有穩定的工作表現和專注力。
- 不再經常自責或是怪罪他人。
- 學會尊重自己而且變得更有自信。

不生氣的習慣讓人生好轉的理由

為什麼養成不生氣的習慣會讓人生如此戲劇性的好轉呢？憤怒是人類與生俱來的情緒表現，有些時候為了解決問題，憤怒會化為做事的動力或提供動能，對某些人來說它甚至是一種超能量。只不過在某些情況，尤其是經過長期累積之後的爆發，憤怒只會帶來不良後果，譬如：

「對於自己的情緒化覺得很厭煩。」

「常常覺得焦躁不安，人際關係也不太好。」

「雖然常提醒自己要冷靜但還是發了脾氣，然後又覺得後悔」之類的反應。

有這類情緒控管問題的人，不論在工作或與人相處都會出現某種程度的障礙。換句話說，把焦慮、憤怒、怪罪他人或自責變成家常便飯的人，當然不可能出現好的運氣、機遇、財運及自己期待的結果。

反過來說，一旦養成「不生氣的習慣」，學會考慮別人的感受，也相對不會被周遭的人事物或是失敗的結果所影響。

維持心情穩定不僅有助於工作表現，加上人際關係變好，消除莫名的壓力、沮喪不安和煩惱，心情愉快自然會覺得人生既美好又幸福。

生活的品質是由什麼事來決定呢？

大家都想要幸福快樂，當然沒有人願意體會不幸、挫折和辛苦，雖然聽起來是天經地義的說法，但滿腦子想要追求好日子的人卻沒能順利達標，這到底是什麼造成的？

譬如很多人覺得只要有錢就能得到美好人生，實際上似乎不是這樣。在現代社會具有一定財力是得到幸福的必要條件但並不是絕對。有些人即使有錢也不快樂，也有人沒什麼錢但自覺日子過得不錯。也就是說有品質的幸福人生，並非單純只用金錢來衡量。

那到底是由什麼來決定呢？我認為「每天以何種心情過日子」才是重點！無論多麼成功、富有，成天對著部屬大吼大叫，或是每天精神和身體很緊繃、跟家人關係不好，那麼在任何地方都找不到幸福。有錢會讓人幸福，或成功會讓人快樂，在某種程度上是不切實際的想法。重點不在於成功或財富，而是每天是以何種心情度過。

你可以選擇「不生氣」

「不要生氣！只要做到這一點，接下來一切就會變輕鬆。」

「話是這麼說沒錯，但總是會不由自主地覺得煩躁，然後就發脾氣了。」

「明明知道發脾氣於事無補，但最後還是把小孩臭罵一頓……」

這本書是建議養成不生氣的習慣，但並不代表都不能動氣。

該生氣的時候就生氣也沒關係。我自己也會生氣。

正確的說法是這本書教你主動地選擇不生氣，核心概念是學會打造不隨便生氣的體質，那麼人生就會好轉。

只要有意識地實踐本書介紹的方法，就能夠控制自己的情緒，而且可以自由選擇不生氣的生活方式。

如此一來日子將會過得平穩踏實，充滿幸福感的快樂人生唾手可得。

當你選擇不生氣時，生活會發生不可思議的巨大變化。衷心希望這本書能夠為你的人生帶來改變，並成為扭轉目前處境的一個契機，這也是身為一個作家的莫大榮耀。

目錄

前言　翻轉人生的「不生氣」習慣養成　005

第1章　**憤怒的本質**

焦躁只是一種衝動的反應，並不會持續太久　020
情緒陷入焦慮的原因　023
何謂平常心？　028
了解「自力」和「他力」之間的差異就可以維持平常心　034

以自力為中心的修業 038
竭盡全力將會擴大自己的影響力 044

第2章 擴展情緒管理容量「如何接受」的技巧

控制情緒「心理框架」內藏的祕密 052
收集「事情發展到何種程度就會影響情緒」的經驗數據 056
預設立場容易產生怨念 059
沒有「不可能發生」的事 063
對自己過度有自信的人容易被情緒所左右 067
想辦法把情緒和自己分開 073
改變意識焦點，就可以自由控制情緒 077
「接受自己的弱點會變得更強壯」法則 081

每個人都會有情緒 084
請停止對結果或對他人產生期待 089
不要預設立場，請看事實 092
找尋看待事物觀點的練習 095

第3章 創造讓焦慮感消失的「5個餘裕」

用「五個餘裕」創造平常心 102
如何創造金錢的餘裕 105
如何創造身體的餘裕 109
如何創造精神的餘裕 111
如何創造時間的餘裕 115
如何在人際關係中創造餘裕 119

第4章 重新建立「自我規則」可以消除憤怒

重新建立自己的規則 124
放棄不必要的「父母規則」 129
人的價值沒有優劣之分 133
偶爾也可以耍廢一下 136
好好地確認人生的優先事項 139
不要抱著「不應該生氣」的想法 142

第5章 建立良好的人際關係及與人交往的習慣養成

人與人之間的緣分也是有壽命的 146
爭吵的時候該如何處理 151

透過雙方規則的磨合可以找到平靜 156
價值觀的優先順序也要討論 161
不要誇大你的假設，請認真了解對方是怎麼說的 167
要思考的不是自己「有沒有錯」，而是「講話方式正不正確」 170

第6章 讓嫉妒心消失培養自尊的習慣

把自己放在最優先順位，活出「自我」 178
不須滿足別人對你的期待，但可以對自己有期待 182
珍惜當下出現的情緒 186
覺得為時已晚的事請想辦法讓它成真 189
專注於「想要的情緒」而不是「想要的結果」 194

第7章 如何接受失敗及焦慮的緊急對策

把做不到當成稀鬆平常事 198
「有做有得」法則 201
培養樂觀面對不順心的習慣 205
養成檢討得失的習慣 209
平息憤怒的緊急措施 214

結語 有意識地從微小改變做起 219

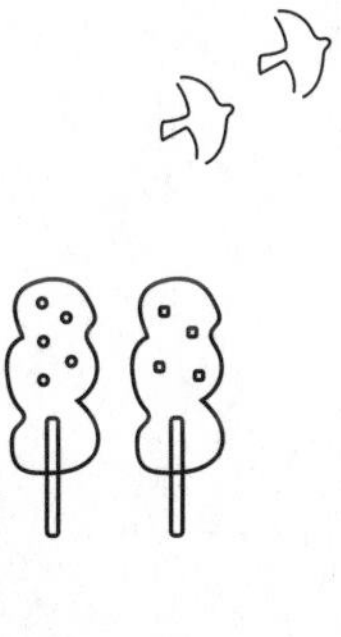

第1章

憤怒的本質

焦躁只是一種衝動的反應，並不會持續太久

「常會被一些瑣碎小事激怒。」

「我討厭動不動就發脾氣的自己，覺得心很累。」

「就是控制不了自己的脾氣……」

你有類似上面提到的煩惱嗎？人是否有可能享受發自內心的那種單純快樂，但排除掉也是發自內心的憤怒、悲傷這種負面情緒呢？

可惜的是，人生沒辦法以這種簡單的二分法來處理。暴怒的人可能也是會產生狂喜情緒的人，這樣的人通常情緒表現比較豐富而極端。

也就是說會因瑣碎小事而生氣的人比較會珍惜小確幸。

而對那些令人厭煩的瑣事不做任何反應保持冷靜的人，對於那些小小的快樂也會無感，他們只會覺得：「這種事有什麼值得高興？」

但你不就是想要撇開沮喪憤怒，追求幸福快樂嗎？到底要怎樣才能嘗到這種甜頭呢？

答案就是「情緒穩定地過日子」。

有些人可能會想：「要是能夠做到這一點，我還用得著這麼辛苦嗎？」

但是否有想過自己就是選擇讓情緒陷入「沮喪焦慮」的人？而這種情緒也是對於期待的事沒有得到結果的自然反應。

想要「稱心如意」就是讓人陷入困境的關鍵之一。

在這個世界上，本來事情就不會全部按照自己的期望發展。如果做出超出自己控制範圍的事，自然就會出現這種挫折感。譬如說：

- 班機因為天氣不好取消，害你錯過重要會議，明知去客訴飛機也不會飛，但還是執意到櫃台請航空公司「是否可以想點辦法？」

- 熟悉的日常工作卻出了差錯，覺得懊惱。
- 對不聽話的孩子大聲喝斥，飆罵的自己也覺得難過。

類似這種無法控制的事情所引發的焦慮就是一種衝動反應，它不會持續很久，通常一段時間之後就會恢復正常。當發現自己脾氣快要發作時，記住，請先試著深呼吸！

這樣做會有一定的效果，但若情況太過頻繁或已經影響工作或日常生活，就要趕快處理，不然……

- 無法控制自己情緒而導致家裡雞犬不寧。
- 人際關係不佳而經常更換工作。
- 常因芝麻小事焦躁，沒辦法專心工作。
- 因為易怒而經常覺得疲憊。

以目前為止所做過的諮詢經驗，發現有很多客人碰到類似的情況。人如果不能平靜自己的心，生活就不會好過。

情緒陷入焦慮的原因

到底是那些原因讓我們覺得煩躁、易怒、被情緒牽著鼻子走？大致可以區分為以下四種：

原因1：每個人看待事物的習慣

原因2：不留餘裕，把自己逼太緊

原因3：把自己的規則強加於他人身上

原因4：自卑

從某種層面看來這些原因具有同質性，但因解決方法不同所以必須分開說明。接下來就讓我們逐一解釋。

原因1：每個人看待事物的習慣

焦躁必定事出有因，不會無緣無故發生。

焦躁的程度取決於每個人面對問題的反應。

譬如說，下屬犯錯、工作不順、有人客訴你、因為別人的疏忽導致計畫出包……等等。發生某些事情會讓我們變焦慮、生氣，甚至情緒浮躁。

但這裡有個觀念很重要，**事情本身並不是造成感覺挫敗的主因，而是你看待這件事情的方式。**

面對犯錯的下屬，有些人採取責罵批判方式，但有些人卻可以平心靜氣處理。不同的處理方法並非基於天生的個性，而是對於看待事物方式的差異。

說得更白一點，就是心態的差別。

基本上人們看待事物都是基於習慣性先入為主。

心態是啟動情緒反應的感應器，關於這部分的細節會在第二章中做詳細解釋，基本上它就是個人所能夠容忍的尺度範圍。

但看待事物的習慣是可以被改變的。

原因2：不留餘裕，把自己逼太緊

另一個原因就是把自己逼得太緊。

所謂的餘裕既是空白也是間隔。我覺得那些把自己逼得太緊的人相對容易生氣或覺得焦躁，較容易迷失自我或放棄自己的立場。

精神過於緊繃應該是全世界的趨勢，現代人比起以前的人更難放鬆。現在工作要求速度和精準，無法容忍過多的模糊地帶，同時也使得心理或時間上的餘裕逐漸消失。我們常會在社群媒體上看到群起圍剿和網路霸凌，在某種程度上，我認為這是人心不夠寬厚的表現。

原因3：將自己的規則強加於他人身上

將自己的信念強加於他人身上也會造成憤怒。所謂信念，就是一直以來深信不疑的，也就是自己的「世界觀」。

每個人都有各自一套的奉行準則，這種規則「應該」而且「必須」被遵守。越是嚴格遵守這種規則的人，就越有可能生別人的氣，並且被其他人的某種行為激怒。

如果不知道要如何跟這些規則相處，就會一直困在自己的情緒當中。

原因4：自卑

所謂自尊心，就是尊重自己並自認為是個有用的人，所以重點在於對自己是否感到滿意。對自己不滿意的人，不僅無法認同他人的行為，而且還會嫉妒別人的成功和優點。

自卑的人往往會壓抑自己、隱藏自己的真實感受，不敢面對自己，也很難跟他人坦誠以對，同時有怪罪他人的傾向。

當你獲得自尊，心情就會比較平靜，對待自己或他人相對比較友善，心胸也會越來越寬大。無論發生任何事都能淡定以對，培養出一種兵來將擋水來土掩的自信心。

以上列出的四種原因也是陷入慢性焦慮的典型心理，有些人可能只符合其中一項，也有些人全部都吻合。

在接下來的章節中，我們將會詳細說明如何處理這些問題。透過不斷地練習並養成不生氣的習慣，對任何事情都可以處之泰然，以平常心對待。但在介紹對策之前，我們先來探討什麼是平常心。

何謂平常心？

當你聽到「平常心」這個字會聯想到什麼？

「保持淡定從容、心境平和。」

「情緒不受外物牽動。」

「思緒平和，沒有大幅波動。」

各種說法都有，但我相信應該有很多人都同意「情緒不受外物牽動」這一項。

以我個人為例，很多人說我看起來意志堅定，無論面對任何事情都泰然自若。必須承認我其實滿膽小的，但長時間的訓練讓我學會面對自己的弱點，培養平常心並進而產生自信心。

話說回來，平常心並不是「心情完全不受外物所牽動」，而是「**讓心情恢復正常的能力**」。

平常心與佛家所講的「不動心」概念相同，它們不是沒有情緒波動，而是即使有波動，也能恢復到原來狀態的定力。

你所在意的事情演變成意料之外的結局時，人類的自然反應就是覺得吃驚和不安：「你剛說什麼?!」「天啊！這不是真的吧？」儘管心煩意亂，但是否能盡快恢復到正常狀態保持平靜，重點就在於是否能夠具有平常心。

這並不代表無論碰到什麼事都沒有反應或是完全不動氣。

如果有人無論發生什麼事都不動聲色，或是沒有任何情緒起伏的話，那麼這種人若不是善於隱藏，就是極度麻木不仁，對任何事情都無感也不抱任何希望。

不抱任何希望的人，覺得無論事情怎麼做都不會成功，所以結果如何他們都不在意也無動於衷。

人類的情緒被外力影響之後的反應模式因人而異。對於那些容易焦躁憤怒的人來說，他們的期望值越高，當事情沒有按計畫進行時，反應就會相對更激烈。

除了吃驚之外，還會心煩意亂地胡思亂想「怎麼會變成這樣?!」「我無法接受！」情緒大受打擊。

相對的，那些擁有平常心的人可能一開始覺得吃驚，但很快就會平靜下來，「嗯，了解，原來是這樣」或者是「了解，只是沒想到事情會變成這樣」然後把浮動的心情穩住，拉回情緒。

也就是接受事情發展沒有如願的事實，然後立刻想到後續問題的處理，基本上這種人在收拾殘局時也會乾淨俐落。

人生有很多事情無法強求

人生本來就是無論發生什麼事，除了接受之外別無他法。無論接受或原諒有多麼困難，譬如說重大天災、事件或意外，我們所能做的就是接受。

因為人類無法改變已經發生的事實。

沒辦法接受「只能承擔」這種規勸，也是人之常情，這種心情我完全理解。

只是不管如何懊惱也是於事無補。而且說難聽一點，如果不趕快區分哪些事可以參與補救，或是哪些事根本無能處理的話，這種情緒困擾可能會持續很長一段時間，長到讓你吃盡苦頭。

譬如上班途中所搭的火車因為意外而暫停、因事故而受傷，但你既沒辦法移動火車，也暫時不能恢復到受傷前的狀態，不是嗎？就連直屬主管最近看起來心情不好，這也不干你的事，因為我們都只是旁觀者。

人會發生什麼事，老實說都是老天注定好的。雖然每個人都會注意自己的安全也希望能夠平安快樂，但只有老天爺才會知道這種願望能否實現。

當然可以試著讓願望成真，並努力增加成功的機率，但是我們無法控制結果。

宇宙中事物的本質就是「所有應該發生的事情都會在適當的時間內發生」，也就是那句老話「人生有很多事情無法強求」。

憤怒只是一種反應，人心有如天氣變化

人的心情有如天空，天氣陰晴不定就像人的心緒起伏。如同天氣變化，人心也很難捉摸。

不管多麼期待「風和日麗」，但有時也會下雨、下雪，甚至是狂風暴雨。不管你對這件事有多麼不滿也無法改變。

人的心也是一樣。

人生不可能一直都碰到快樂的事，當然也有痛苦和悲傷，而人類對這些事情的反應就是以心情變化和情緒來表達。

有一個觀念很重要，不要試圖去壓抑或控制情緒。

唯一可以掌控的是面對事情的心態。所謂的動心轉念幾乎都是在無意識當中進行，沒辦法以意志去操控。

人類的意志唯一能做的就是想辦法接受現實。

在開始介紹「如何保持平常心」之前，必須要先理解它的中心理念「自力」和「他力」。我們先從這部分開始介紹。

了解「自力」和「他力」之間的差異就可以維持平常心

是否聽說過自力與他力這兩個名詞？

可以參與的就叫「自力」。

不能參與的稱為「他力」。

要維持平常心，最重要的一點就是搞清楚自力和他力的差別。一旦理解就相對容易控制自己的情緒。

暢銷書《與成功有約：高效能人士的七個習慣》的作者史蒂芬・柯維曾經提出一個概念「影響圈和關注圈」，這裡就用這個概念來解釋什麼叫做自力與他力。

以你為中心點的圓圈是影響圈，再繼續往外擴展的圓圈就是關注圈。影響圈被關注圈所包圍，也就等於是自力圈和他力圈，他力圈之外繼續往外擴張的是其他不相關的事物。

套用在本書，「關注圈就是他力」，而「影響圈就是自力」。即使對於關注圈的某些事很感興趣、喜歡甚至沉迷，但自己能夠干涉的只有影響圈之內的事，也就是自力。

譬如說你可以上網查詢某些偶像的八卦消息或是新聞，甚至在社群媒體當中發文表達你的喜愛，只是不管多麼熱中，都無法介入這些明星偶像的生活。

關注圈的英文是circle of concern，不只是包含你感興趣的事情，還包括你喜歡或是擔心的事。如果能夠意識到一些細微的差別，就會更容易理解自力與他力的不同。

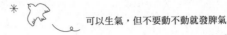

自力圈（影響圈）與他力圈（關注圈）

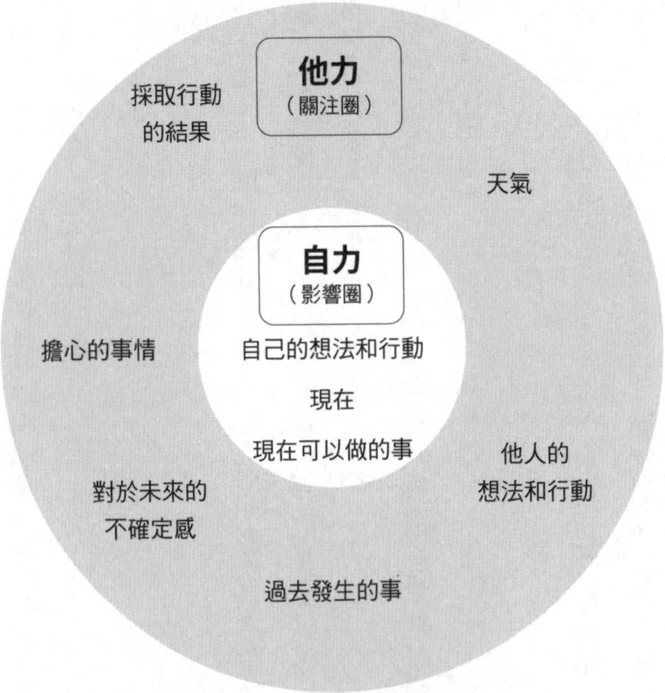

自力＝自己可以參與的事情
他力＝自己無法插手的事情

重點是不要被「他力」所影響，
把精神集中在自力圈

不在乎的事情即使發生狀況，也不會讓情緒有反應，因為它本來就不在關心的範圍。

會讓情緒發生變化的都是一些很在意的事，譬如說心儀的偶像團體解散了，粉絲心情大受打擊、某個政壇人物說錯話引起軒然大波、自己經營的社群媒體最近沒什麼人按讚，擔心鐵粉流失等等事情。

你是否已經發現這些事情都集中在他力的關注圈，自己根本無法插手？**不管做什麼都無法產生效果，想要在他力圈子裡試著做什麼就是「挑起麻煩」的根源。**

當你為某些事感覺煩躁時，最好趕快區分哪些是己力可以處理的自力圈，哪些是心有餘而力不足的他力圈。

只要養成去區別的思考模式，面對某些事情、問題或麻煩時，就不會讓你覺得那麼困擾。

這個概念是閱讀本書的重要心法，請務必牢記。

以自力為中心的修業

如果碰到似乎無法解決或令人焦慮的狀況，建議試著把自己可以做的事情條列式寫下來。當問題寫在紙上，自力和他力之間的界線就會變得更明確。用自力與他力來區分問題是否值得擔心，會讓整件事變得更加清楚明白。

正如前面所提到的，所謂的自力就是你能夠做些什麼去改變；而他力是指當下的自己無法掌控的事。

而且也要弄清楚擔憂的事，**有哪些可以靠別人幫忙，哪些事情要親自去做。**

解決問題本來就應該事先確認，然後由馬上可以切入的地方著手解決。

只是有時候馬上跳進去解決並不全然奏效，這是因為我們的擔憂、焦慮及問題本身到底位於自力或是他力這些事，全部都攪和在一起，導致一時之間難以區分的關係。這裡列出一些方法幫助你找出哪些是真正的自力。

不被問題及焦慮耍得團團轉的方法

①準備筆記本和筆。
②先將左邊頁面分為左右兩等分，左側寫下目前心煩的事。
③在左頁右側條列「你想要做及你想怎麼做」的事情。
④在右側頁面寫下「自己可以做什麼來解決問題」（自力）。

透過這樣的確認，就可以清楚看到「自己可以做的事」的自力被突顯出來。

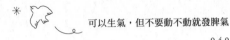

不被問題及焦慮耍得團團轉的方法

① 準備筆記本和筆。

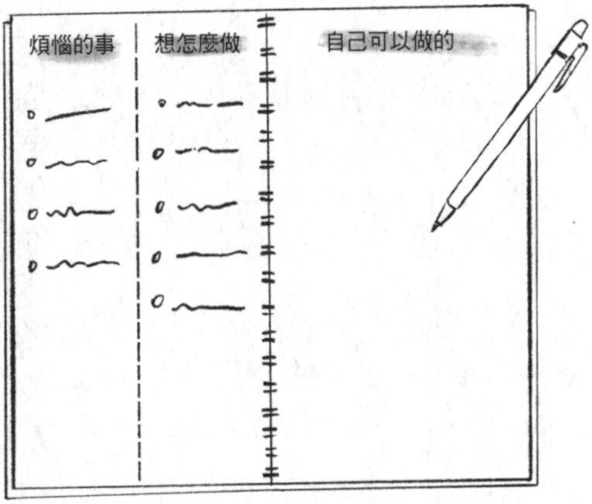

② 先將左邊頁面分為左右兩等分，在左側寫下目前心煩的事。

③ 在左頁右側條列「你想要做及你想怎麼做」的事情。

④ 在右側頁面寫下「自己可以做什麼來解決問題」（自力）。

不被他力混淆讓你更加專注於自力。

基本上，在工作、金錢或是人際關係碰到問題時，唯一能做的只是確認自己的想法，可以怎麼著手然後盡力而為。

很多時候，煩惱、不安、焦慮大都是他力造成的（自己無法控制的事情）。

透過不斷的練習，較可以確定當下能夠採取的動作，不會太在意他力造成的影響，自然而然就能專注於本身的行為。

透過每天練習區別自力與他力

前面介紹的是把自力與他力這兩種概念當做課業來練習，但即使沒特別花時間訓練，也可以嘗試在日常生活中有意識地區分兩者的不同。

一旦了解它們之間的界線，就能夠放棄掌控那些超出控制範圍的事情。

自力與他力之間界線模糊的人容易受到他人影響，而且最有可能被迫做出違背意願的事情。勉為其難參加一個不想去的邀約，或是無法拒絕別人的要求。

任人擺佈在心理上就是一種「壓抑自己迎合別人」的狀態。

有很多在職場以外對他人發號施令、容易激動或是強迫別人聽從建議的人，也就是不了解自力與他力的概念。

如果沒有確實理解哪些是己力可以參與，還試圖超越自力範圍去影響他人，這其實就是衝突發生的原因。

撇開獨自可完成的事，有很多事情都需要跟他人配合，包括工作、愛情、婚姻與家庭。

簡而言之，惱怒和焦慮是源自於試圖做一些超出控制範圍的事情。所以，請有意識地去思考哪些是自己的勢力範圍，小心不要越界侵犯到他人的領域。

除此之外，當有人試圖越界管到你頭上，請務必要想辦法拒絕。

常常煩惱那些自己無法控制的事情最浪費時間和精力了！

把自己管不著的事交給老天爺，想辦法把能做的事做到最好，如此一來將會得到最佳結果。

竭盡全力將會擴大自己的影響力

詛咒討厭的人得到惡報的執念也是浪費時間和精力的事，因為這已經超出你的控制範圍。即使對方真的遭遇不幸其實也只是碰巧而已。

若是因為討厭的人時運不濟掉到谷底，而覺得自己就好像把對方踩在腳下，感到優越不已，其實這也只是一種錯覺和自我幻想。

即使對方真的（或看起來似乎）境況不佳，並沒有改變你的狀態，根本沒什麼值得高興。

只有不斷學習讓自己用最舒適的視角看待事物，才能獲得真正的幸福。

如果能夠持續而確實地做自己可以做的事，那麼本身的自力圈（影響圈）也會逐漸擴大。

舉個例子，假設你很想變成有錢人。

想要有錢的欲望是他力，想當然耳，只是很想並不會就此實現。為了有錢必須主動而且採取行動。行動就是改變現實的力量，但我覺得有很多人只是空想，或者是知道要怎麼做卻沒有採取進一步行動。

如果想要有錢就必須先改善目前的收入，譬如說斜槓更多工作，如果是做生意就是提高平均單價或是找尋新客戶，要不就是活用公司的資產……等等。如果沒辦法一步一腳印採取行動來改善的話，是不可能變有錢的。

「很想學會做菜」也是同樣道理，如果不採取行動改善烹飪技巧，像是自己在家做做看或是報名烹飪班，那永遠不可能學會做菜啊！

採取行動盡力去做，那麼現實上的影響力就會擴大，實現夢想的力量也會增強。

更棒的是越努力取得成果，影響力也就會越擴大。這是因為只要做出成績，周圍的人就會改變態度變成你的盟友，讓你更容易展現實力。

相反的，如果沒有盡力，對什麼事都僅只於感興趣，那麼自力圈就會逐漸縮小，他力圈的範圍就會擴大。周圍的人會逐漸認為你只是個光說不練的人。

當專注於做自己的事情，就不會在意別人的批評

弄清楚自力與他力的區別並且盡力把事情做到好，就不會老是在意被別人超越。換句話說，不再浪費時間和精力在那些遙不可及的地方，也因此學會放手。

隨之而來的，處理事情時不再瞻前顧後或猶豫不決，如果真想做些什麼事就馬上出手，做不來或不想做的事也可以果斷地停止。

這時候可以說你已經處於一個能夠管理自己的狀態。

但是，如果碰到做什麼都提不起勁，或是想要放棄卻怎樣都停不下來，那就需要暫停檢視到底什麼地方出了問題。

首先，就是確認自力與他力之間的界限是否模糊不清，確認完畢再出發。

提升自我管理能力的祕訣就是「按照自己的方式去做決定要做的事」。

今日事今日畢，也不要去做已經決定不做的事情。

當你處理好自己想做的事會產生自信，那麼自力範圍就會跟著擴大。

只不過去執行那些過於魯莽的決定是ＮＧ的喔！因為沒那個能耐所以也沒辦法完成。不管怎樣，請務必在自力的範圍內去做自己擅長的事。譬如說想減重五公斤，這類型的事只要做了決定，然後花點功夫按部就班持續執行即可，比方說把晚餐主食減半，或搭車提早一站下車然後步行去公司上班之類的。

這時候千萬不要強迫自己設下很難達成的目標，例如一個月內就要減掉五公斤。當你在減肥時，何時會瘦下來是在他力範圍，有可能會超出自己的能力範圍。

減重五公斤可按照以下的流程執行：

食量減半，多多運動

↓ **體重下降**

↓ **持續進行**

↓ **結果瘦了五公斤**

但這個變化過程本身所需的時間是我們無法掌控的。

設定一個大概目標是沒有問題的，但如果做了過度嚴格的時間限制，會讓你焦躁而且失去退路。如果減肥結果不如預期，可能會因而沮喪失望而導致半途而廢。

到目前為止已經解釋過關於平常心，尤其是「常被自己的情緒牽著鼻子走的原因」及「自力與他力」的概念。

從下一章開始，我們將介紹更多實用的內容。首先我們要討論如何放寬心胸去接受新事物。這並不難，請務必要試試看。

第2章

擴展情緒管理容量「如何接受」的技巧

控制情緒「心理框架」內藏的祕密

在第一章提過「情緒只不過是一種生理反應」，從這章開始將介紹不被情緒左右「與他人的溝通方法」。

當你因為下屬犯錯或孩子所做的事情而感到氣惱時，會出現兩種可能的情況。

一種是產生某種情緒反應，另一種就是沒有反應。簡而言之，就是你有沒有對這件事覺得很吃驚。

這有什麼差別嗎？

差別就在情緒容量大小的不同，也可以使用「心理框架」這個名詞。

先想像一個圓圈漂浮在水面。

這時有一滴水落在圓圈當中，這滴水就代表所發生的事。水滴落下所產生的波紋漣漪是你的情緒反應，有的波紋被侷限在圓圈之內，也有的波紋會溢出圓圈之外。

請你想像以下這種情景：

被圓圈所吸收的波紋不會產生強烈反應。

當波紋蔓延到圓圈之外時，就會出現某種反應。

這個圓圈，就是你的心理預期範圍。簡單來說，圈子內部就是預期範圍之內，圓圈的外面是當初沒料到的。

人的一生都是根據本身一路走來的常識和經驗法則去做某種預測和期待。只要結果落在期待範圍之內的話，情緒就不會受到干擾，因為它在預料之中。

會讓你抓狂的事都是超出預期或是與你的經驗法則互有違背。

「本來以為會〇〇〇，但結果並非如此。」

「已經提醒很多次，叫你要好好處理這件事但卻沒有做。」

「明明已經給你建議，但卻沒有按照之前說的去做。」

當這些事情結果與期待或預期不同時，就會出現憤怒、失望和悲傷等反應。當然有時候會得到比預期或期待的事更好的的結果時，就會出現喜悅、快樂和感謝之類的情緒反應。

擾亂你平常心的轉換開關

心理框架的大小，就是你的容忍力和氣度的大小。

只不過，這並不純粹只是擴大容忍度的問題而已。

心理框架的大小和本身的信念大有關係，每個人心中都有一些在乎的尺度或想法，譬如：「事情本來就應該這樣子」、「這樣做才對」和「一定要這樣才可以……」這類的信念會決定框架大小。

信念在我們心中會變成一種常識，讓我們對於偏離常軌的事情覺得吃驚或是憤怒，橫亙在中間的就是一個會擾亂你的平常心轉換開關。

當事情偏離你的信念時，情緒開關就會被啟動。結果往正向發展，就會帶來歡欣和樂趣，結果是負面就會造成憤懣和不平。如果它符合我們的預期，就不會啟動情緒開關。

所以，最重要的是擴展你的「心理框架」，了解自己在意的事。

心要寬容聽起來很抽象而且似乎也不容易找到對策，但如果用其他角度思考，了解哪些事是你的痛點，就可以找到解方來避免情緒困擾。

收集「事情發展到何種程度就會影響情緒」的經驗數據

舉例來說，你有個老是犯同樣錯誤的下屬。

當他第一次犯錯，你選擇忍耐。如果第二次又發生，除了在心裡咒罵：「又來了！怎麼會這樣？」吃驚之餘應該會伴隨某種不快感。如果這種情況又來第三次，可能會不自覺地對著部屬大吼「你嘛幫幫忙」。

由此可知，第一次是意料之中，但第二和第三次都是出乎意料的結果。如果能夠從過往經驗知道自己的底線，會更清楚本身的情緒開關要如何運作。譬如說你會了解自己「同樣的錯誤只能容忍二次，第三次就會讓你抓狂」。

看到這裡或許有些人會覺得「我以為自己心胸寬大，想不到只能忍兩次而已」，或是「本來以為自己沉不住氣，竟然可以忍到兩次耶！」從這裡就可以知道，當下反應會讓我們了解自己的「容忍度」。

所以，當憤怒或悲傷油然而生時，切記不要情緒化，而是觀察自己的反應。

「碰到這種事，真的滿生氣的。」

「被人家這樣糟蹋，與其說是生氣倒不如說覺得自己很可悲。」

透過這樣的自我觀察，比較能夠領悟並開始有意識地去處理那些以前用情緒化反應來面對的事情，這樣一來心境就會更加寬容。換個方式來說，對於事情期望的容忍度擴大了。

透過這樣的自我觀察和應用，也能夠意識到自己內心的變化過程。這就是處理情緒的最好方法。

情緒的表達正是探索真實自我的最佳機會。跳脫出來俯視自己，就好像用自己腦袋的想法和身體進行人體實驗。

當出現憤怒或悲傷等負面感覺時，如果把它們當做是「認識自己的一種方法」，也可以很快撫平情緒。

這樣的知覺意識會讓生活變得越來越輕鬆，也變成保護自己的一種方式。

預設立場容易產生怨念

人與人之間會因為理念相同或是價值觀一致而產生親近感。

只是當看到喜歡的人表現出跟預期不同的一面時，可能會嚇一跳並覺得「沒想到他竟然是這樣的人」，成為壓垮駱駝的最後一根稻草，然後產生厭惡感。

問題是在這過程當中，對方根本完全不知情。

是你單方認定對方就是「這樣的人」，並且覺得「他應該會這樣對待我」，但實際上卻沒有發生，有些人會氣到覺得「自己被對方背叛，很受傷」。

事實上根本沒有人傷害你，你只是被自己事先預設的情境傷害而已。

就是這類的「預設立場」造成失望和憤怒。

若是沒有預設根本就不會造成傷害，不幸的是這個世界上每個人對於未來的事多多少少都抱著期望。

不要太過執著某種「信念」

想要養成不生氣的習慣，最重要的功課就是不要過於執著。

那到底該怎麼做呢？就是要養成尋找「不同角度看法」的習慣。

當你被某件事傷害時，有能力去辨別它是否是因為自己過度執著造成的。

通常做事謹慎多疑的人會有比較強烈的執著。

比如說：「這個人講話笑咪咪，搞不好是個笑面虎，說的全是謊話？」

而起了疑心和戒心。

這類的懷疑和警戒不是來自眼前看到的景象，而是來自腦中對於「笑裡藏刀」這種想法的判斷。

並不是眼前這個人的笑容引起疑慮，而是在腦海中自己做了設定並覺得「這個人一定在撒謊」或「事情應該沒有那麼單純」。這個就是所謂的執念。

想要解除這種習慣性懷疑或過度警戒的方法，就是事情發展即使沒有預期的順利，但你已經先做好心理準備。

「被對方背叛也沒關係，這種事防不勝防。」

「到時候見招拆招吧！」

如果事先做好最壞打算，比較能在一開始就跟對方開誠佈公來往。

或許有人會覺得「無法接受被人背叛這種事」或是「如果可以做到這點，日子就不會這麼難過了」。

即使自認為做不到，但人與人之間的相處，被人捅一刀也是在所難免，碰到這種事也只能自認倒楣地接受或是一笑置之，不是嗎？

換個方式來說，就是抱著「敞開心胸，與人為善」這種心態就對了。

大家常說人性本善或是人性本惡，如果抱持性善論的觀點來交朋友，絕大部分人的人際關係應該會比以前改善很多。

抱著人性本惡的想法跟人來往，態度就會比較謹慎又容易起戒心。而且極有可能過度揣測，把對方的行為誤認為有惡意或居心不良。

如果能夠善意看待他人，將會減少因為過度謹慎而產生的嫌隙。

剛開始執行覺得有難度也無所謂，先慢慢地解除對他人的防備心，試著不要太過執著並且敞開心胸與人互動。

在互動的過程當中，如果覺得對方既沒定性也不值得信任，那就停止和對方往來即可。

沒有「不可能發生」的事

有些人個性強悍，碰到什麼事都有定論，覺得「事情應該要怎麼做」。從某種層面來看這種人是完美主義者，無法容忍別人的失敗、錯誤或不在預期內的事。這樣的人通常容易生氣。

他們常掛在嘴上的口頭禪是：「這是不可能的！」「這麼簡單的事情，不可能不知道。」所以事情發展跟當初預期的不同時，他們會覺得「怎麼可能會發生」，理智斷線進而情緒失控。

所謂的「完美」本來就是不可能存在的。

完美主義的人無法忍受狀況外的事情，所以會忍不住小心眼地檢視所看到或聽到的一切事情。這些人最大的問題在於不斷檢視別人的缺點。

而那些大器能容、不被情緒左右的人往往會看光明的那一面。

是否能夠用平常心看待事物，決定最後會看到什麼樣的世界。

說得直白一點，去發現人或事的優點，這也是保持平常心的祕訣。

譬如說，當你用平常心去看待職場上的同事，會覺得每個人都在努力工作，而完美主義者只會注意那些偷懶的人。

如果監看他人的目的是跟救生員一樣確保大家的安全當然是好事，但若是用尋找違規者的心態監視他人就有過度干涉的嫌疑。

換句話說這是一種「想要把別人變成完美」的思維。

只不過想要控制他人是不可能的事。我經常掛在嘴上的一句話就是「別人是別人，我是我」。

所以，管好自己的事情就好。因為你無法控制他人的想法、感覺、言論或行為。但比較讓人意外的是，卻有許多人無法理解這種不難理解的想法。

對於無法參與或根本無能為力的事情卻想要盡一點「棉薄之力」，根本就是自找麻煩。

如果自覺可能有完美主義傾向，建議在要求「事情應該要怎麼做」這方面不要逼得太緊。

雖然有很多方法協助改善，但我個人建議是學著把心放寬一點。

具體一點的做法就是養成「什麼事都有可能發生」的想法，而且要改變看待事物的心態，好比「出乎意料的事＝發生了有趣的事情」。

正如一開始就強調的，沒有「不可能發生」的事。隨便都可以舉出一堆例子證明事情常跟我們原先預期的不同，什麼事都有機會發生。

發生大地震啦、突然生了重病、諸事不順，甚至是他人做事不按牌理出牌這類的事，有時甚至還會鬧出人命，天底下真的沒有不可能的事。

所以，請不要以「事情本來就應該這樣」的方式來思考，而是把思考模式切換成「一切都有可能」地去面對每一件事。

不管出了什麼事都先接受並面對，接下來再去想如何處理。

事情發生並無對錯之分，除了對它做出反應我們沒有選擇，也不能將它歸類是幸運或是倒楣。

對自己過度有自信的人容易被情緒所左右

我向諮詢的客人提出如何避免生氣的建議時，有些人會為自己易怒的脾氣而自責。

「為了這種小事而動氣，實在是……」

「雖然下定決心不生氣，但卻忍不住……」

這形成一種惡性循環，為自己脾氣不好而自責。只要碰到狀況就會下意識地責備自己，然後變成一種很難擺脫的習慣。

通常在建議客人如何保持平常心時，我會先要求他們「對於自己的情緒化不要自責，而是要學習接受它」。

當你學會承認自己的壞脾氣，情緒的忍受能力就會逐漸增強，自然而然就變得比較不會動氣。

那麼，為什麼人會受不了自己發脾氣？這裡牽涉到一種「執著」的吊詭陷阱。

執著的信念會讓人覺得「只要我下定決心的事就一定可以做到」。決定不再生氣卻又動氣的人，他們會對自己的表現感到失望，然後責怪自己「明明就是可以做到的事啊」。

聽起來似乎有點蠢。單單只是下定決心，並不是馬上就可以改變現狀，人的心無法瞬間改變，只能慢慢修正。

譬如說有人叫你做一件以前從來沒有做過的事，新手上路沒有做好也是理所當然。但不管如何，你還是會因為沒有做好而覺得沮喪、挫折。

千萬不要自責，第一次沒做好真的沒什麼好責備的。

其實心情低落的原因不是在於事情沒做好，而是下意識地認定自己可以做到但卻事與願違，這才是讓你覺得最難過的地方。

不要用成功或失敗來認定自己的價值

有些人在做不到某些事或碰到挫敗時，會自責然後認定自己很沒用，其實這是很大的誤解。

自我價值的存在及自尊，跟能不能做到某事、成功或失敗是沒有關係的。沒有人可以為此否定你，請學會不要把兩者混為一談。

通常在做自我評價時，我們會採用沒有比較對象的「絕對評價」，而不是跟誰去比較的「相對評價」。

透過這種不做相對比較的方式來衡量自我價值和自尊，比較能夠肯定自己的價值。即使被人霸凌也不應該否定自己的重要性。**周圍的人會模仿你看待自己的方式來對待你。**

不管做什麼事都有可能失敗。

這是因為人是健忘的動物，即使一再重複做某件事也會犯錯。那為什麼還有人會覺得只有自己做的才是最正確的呢?!

這個就是問題癥結所在。

當你失敗或碰到麻煩時，請務必反省言行之間那裡出了差錯。

比起追究問題發生的原因或會造成什麼後果，更重要的是你對這個結果的接受程度。

「有什麼想法？」

「想說些什麼？」

「做了什麼補救措施呢？」

越會反省人生就會更加平順

越是下功夫反省自己就越能夠扭轉人生，也會增加在做人處事方面的熟練度。

當腦中浮現「這種方法不可行」的想法，是代表收集生活經驗值發揮一定的作用，慢慢發現可以採用其他做法來解決問題。

「我已經試過所有的方法，但全部都摃龜。」

即使是這麼糟，但還沒到「叫天天不應，叫地地不靈」的最壞狀況，救兵總是會來臨的。

不管成功或失敗，最重要的是要反省自己。失敗會獲得比成功時更多的啟發。**成功是前進一大步，失敗是前進的一小步。失敗並不代表後退。**

不過，還是有人從不反省自己為什麼失敗，只是不斷自責「我就是魯蛇」。

老實說，這種人有可能是面對問題還不夠認真。如果有時間責備自己，倒不如想一下要採取何種不同做法，即使可能無法改變結果，但至少採取了行動。

不要對結果太過在意，而是應該檢討自己的行為並嘗試改變方法。

永遠要記住一點，不需要每一步都做得正確無誤，因為最終結果才是檢視的重點。

想辦法把情緒和自己分開

處理情緒的重點是建立把自己和情緒分開的觀念。情緒反應來自於內心但它不屬於我們的身體，它只是對於事情發生的自然反應。也就是說情緒本來就是獨立的，但那些無法控制自己情緒的人沒辦法把這兩者分開來。

如果一直認為「情緒代表自己」，那麼當憤怒、悲傷等強烈情緒來臨時，很容易被影響，甚至被淹沒而看不到自己的真心。

想像被洶湧的海浪吞沒的情景，可能會更了解我的意思。即使被海浪吞沒、快被淹死，也沒有人會認為那海浪就是你本人。海浪是大海，被海浪吞噬的人才是自己。

所以現在試著把海浪當做是自己的情緒。想當然耳，你不是浪潮（情緒）而是在浪裡漂流的人。

當你被真正的海浪捲走，越是掙扎和抵抗就越有可能被淹死。同樣道理，當憤怒或悲傷這種強烈情緒出現時，若試圖去壓抑和否定，時間越長它們就會持續得更久。

要想恢復冷靜的關鍵，在於是否把自己與情緒分開，換句話說就是當你很生氣的時候，請客觀地面對自己的情緒。

「我現在真的很氣憤。」

「我難過到想要大哭一場。」

佛法裡有「止觀」的說法，字面上的意思是「定下來觀看」。

將不斷上升的怒氣視為一道大浪並客觀地面對，這樣更容易控制自己的情緒。

如果失去非常重要的人，例如父母或配偶，有可能會沮喪很久都走不出來。

這是一種健康的情緒，一種經歷悲傷的過程。人會有各種不同的情緒，覺得傷心時，那就好好地發洩不要忍耐。如果很想哭，那就哭到眼淚流乾為止也無所謂。

若不去面對，這種悲傷只會永無止境。

經歷過所有的悲傷、孤獨和痛苦，它總有一天會結束。就像喜悅和幸福之所以會在一段時間後消失，那是因為我們已經充分享受過了。

「我並不覺得特別難過。」

「我不覺得寂寞。」

如果不願意面對自己真正的感受、刻意忽視或強迫自己接受，它只會持續得更久。即使試著不要去理它，那些情緒終究還是會爆發出來。

接受現實並不容易，但面對它也是自我療癒的最佳捷徑。

想要趕快讓生活回到常軌的心情我能夠理解，只不過若沒有給自己足夠時間梳理受傷的情緒，那些以為已經被驅走的情緒很快就會再找上門。

改變意識焦點，就可以自由控制情緒

保持平常心的技巧在於「意識焦點」的管理。

改變注意力可以讓自己的情緒回到良好狀態。許多人不知道如何改變注意力，甚至不知道自己關心的重點到底是什麼。

譬如說，很多人一定都有過工作中受委曲，回家後越想越氣的經驗：

「如果沒有那個豬頭老闆，工作起來一定會快活得多……」

「如果那時再多花點時間檢查，一定可以看到那個錯誤，為什麼我沒有做？」

如果一再回想，免不了又是怒火沸騰或是自責後悔。或許你會覺得如此氣憤是因為被逼急了，但其實就是你讓自己一直在執著某個人或某件事啊。

因為一直很在意，所以氣憤的情緒就會重複出現。

介意的事看起來好像甩都甩不掉，但若此時有人提供一百萬現金作為補償而且可以任意花用，請問你的反應會是什麼？

我相信應該沒有人會不動心吧。

而且我也相信你會很快就忘記剛才的氣憤，轉而思考要怎麼使用這筆錢、買哪些東西。

而這就是意識焦點的轉變。

瞬間切換意識焦點是自己也可以做到的事情。

去做一些犒賞自己的事，譬如購買一直想要的精品、吃一頓甜點下午茶或是住一晚夢想中的豪華旅館。

日常生活無法產生足夠動力讓人在短時間改變意識焦點。可以的話，請在能力範圍準備一些可以產生強烈驅動力的犒賞。

試著去想想你很愛或是很在意的人

這個方法也可以用於平息憤怒以外的情緒。

舉例來說，熬夜寫報告或是處理客訴，如果心裡想著「過了這一關的話，一定要好好犒賞自己一下」，那麼意識焦點就會轉向獎勵這件事，會讓人更容易克服困難。

沒辦法花錢這麼做的人，可以試著想想那些你喜歡的人，想辦法把意識焦點轉移到家人或伴侶身上。或者是那些常常幫你的朋友及同事，想像自己是在為這些人打拚。

集中精神並專注在想做或是在意的事，最終會意識到痛苦的過程終究會有回報。

當你處於水深火熱時，很容易認定這種痛苦永遠不會結束，但事實並不是這樣。

走出失去親人的陰影需要時間，但改變注意力並不是難事，它完全取決於你的心態。

想要走出讓人心碎的失戀可以透過新的戀情來緩解，很快就會忘記前任（笑）。但請你不要過於努力，因為太過拚命想忘記，注意力就會集中在前任男女朋友身上，這就跟試著記住對方是相同的。

不妨巧妙地改變心態，把注意力自然而然地轉向新的戀情。

「接受自己的弱點會變得更強壯」法則

第一次碰到某些事或發生預期之外的事，吃驚和困惑在所難免。最重要的是後續處理，千萬不要把自己一開始的軟弱行為當成是意志薄弱，而且**即便是意志薄弱也不表示你很沒用**。

有一種說法是「接納不完美的自己就會讓你的心變得更強大」。以前的我在一大群人面前演講時會很緊張，加上害羞得要命，真是一點辦法也沒有。

後來到底是怎麼克服的呢？

不，我並沒有去克服。我原本就不愛出風頭，覺得保持低調也沒差。我不會因這樣沒志氣的自己而覺得沮喪，反而開心接受自己原本的樣子。

人感到恐懼就會因害怕而激起防衛心，碰到困難會想辦法尋求幫助，覺得難過的時候會想哭。

承認自己原本的樣子，就能敞開心胸得到勇氣。

即使是那些「看起來抗壓性很高」或「看起來心臟很大顆」的人，大部分也都是先學會接受自己心理上的弱點，才有勇氣面對挑戰。

反過來說，如果無法接受自己的缺點，就會一直意識到它並試圖去隱藏，看起來就會畏畏縮縮。

只要接受自己的一切，就會逐漸了解自己的癖性，接著就會產生自覺：

「當我一生氣，就很容易出現某種情緒。」

「快要遲到、趕不上的時候，會讓我精神緊張。」

這種自覺出現的時候就表示你已經建立起意識。大多數的思維都是在無意識中進行，等學會如何掌握，就會發現它們不難處理，而且也可以協助我們處理自己的情緒。

每個人都有內心受挫的時候，一旦發生這種事不需要強迫自己保持冷靜，想辦法反省一下吧。

找到需要修正或改善的地方時就趕快處理，如果一時之間無法處理可以暫時擱著。

花時間持續反省可以讓自己變得客觀，並且更快從挫敗當中恢復。

每個人都會有情緒

提到平常心，很多人會覺得應該是「不能情緒化」、「不能生氣」，但事實並不是這樣，因為每個人都會擁有各種情緒。

抱著平常心並不是叫你變成開道頓悟的聖人。

前面有提過，情緒只是內心的自然反應。因為是生理反應，所以在本質上是無法控制的。但可以控制的部分是「如何處理」以及「如何向他人表達」這種感覺。

因此，請務必要接受任何的情緒，無論它是憤怒或是嫉妒。

嫉妒別人是很自然的情緒反應，嫉妒本身並沒有錯，會出問題的是伴隨它而轉化成惡意的攻擊和行動，例如謾罵和跟蹤、騷擾。

從某種層面上來說，嫉妒會忠實告訴我們內心最憧憬的事情。當你心中覺得「那個人老是受到稱讚，真的好羨慕啊」，表示你的內心深處也很渴望被人肯定。

羨慕和嫉妒教導我們何謂欲望的本質。

從嫉妒創造平常心的練習

接下來要介紹另一種保持平常心的方法。

請準備好筆記本和原子筆。打開筆記本，在左頁寫下讓你覺得嫉妒的事。請把這件事當做是遊戲，不要想著「我怎麼有可能去嫉妒別人！」放鬆心情，把想到的事情寫下來。

寫完後大致檢查一下。

然後在筆記右頁寫下「最想變成什麼樣的人和想做什麼事」。

這樣一來就可以找到內心深處的渴望。

人類內心的深層想法難以捉摸，也很難在短時間內觀察得到。但透過把想法和欲望寫在筆記本就可以比較具體地呈現出來。

不一定要寫在筆記本，寫在任何的紙張和白板上都可以。

心是很難捉摸的東西，透過文字或圖片能夠捕捉到些微蛛絲馬跡。當你對某些人出現嫉妒或憤怒的情緒時，建議藉此機會去了解自己的深層心理並訴諸文字記錄下來。

也可以趁此機會想辦法調整自己，大步邁向最想達成的目標。

不要使用跟別人比較的「相對評價」，只要跟自己比就可以了

即使特別羨慕或嫉妒某個在AI領域的紅人，並不表示自己也想在相同領域取得成就，會覺得嫉妒的可能原因是自己也想嘗嘗成功的滋味。

如果出現了比較強烈的情緒，例如：「為什麼老闆每次都是誇獎他，真是太不公平了！」「我完全被輾壓，遠遠不及那個人。」這可能是你又陷入跟人比較的相對價值觀陷阱了。

在成長過程中，無論在學校或是家裡總是會被人拿來做比較。好比：

「為什麼那個某某人可以做到，你卻不行？」

「哥哥運動神經很發達喔，雖然是兄弟但好像差很多。」

若常常去跟別人比較，你比較的對象越是被誇獎，就會讓你越不是滋味。明明你也沒多差但就覺得不舒服，這是因為別人的批評影響到你的自尊心。

一旦你的思考模式變成這樣，那心情就很難維持平靜。因為比較的對象備受重視或很有成就，你當然會覺得不是滋味。

老是去做這種無聊的比較把自己弄得心情不好，天底下真的沒有比這更蠢的事了。認識的人混得越好越有成就，你就越覺得自己很不行。不會覺得這種事實在是莫名其妙嗎？

所謂的自我價值不是跟別人比較得來的，而是絕對評價。

不管周遭的人有多麼優秀，都沒必要拿來跟自己比較，也不需要用這種事來困擾自己。

可以說「那個人好優秀啊」，但如果像這樣想的話就是ＮＧ行為：「那個人太優秀了，跟他一比，我實在是……」

即使表面上感覺「那個人無論做什麼事，看起來都一帆風順」，但你並沒看到對方在背後把吃苦當做吃補的努力打拚過程。

最重要的是，很多事情不能只看表面的光鮮亮麗，也要看人家所付出的努力和煎熬。

請停止對結果或對他人產生期待

請不要對他人抱持任何期望。

這是保持平常心的重要祕訣，也是養成不生氣習慣的核心想法。

前面提到過常常生氣或是情緒容易受影響的人，往往會不自覺地對周遭的人期望過高。

「如果要做生意的話，好歹要做到像〇〇那麼成功。」

「至少應該做到這種地步才對。」

換個角度來看，「對於他人行為抱有期望」同樣是一種要求，但就如前面所提的，你沒辦法控制別人。

只要對方的行為跟我們預期的不同，自然會生出被人背叛的感覺而氣惱、焦慮甚至是失望。

其實不是別人在搞你，而是被自己的片面想法操弄了。

所以重點在於不要對他人抱持過高的期待，而是應該調整自己的期望值。

不要試圖去控制結果

不管事情發展是否順利都有它的存在價值。

當結果回應自己的期待，人會出現「快樂」和「喜悅」的短暫情緒，若事情進展不順也可以讓我們思考下一步要怎麼做才會更好，絕對有它中長期的學習價值。

每一件發生的事和從中得到的經驗都有其意義。

唯一可以讓它發生變化的是你自己的想法和判斷，由你來決定這些事情和經驗是否有利用價值或不具任何意義。

如果宇宙的運作規則都是按照個人想法來量身訂做的話，那這個世界可能會亂成一團甚至是不存在，因為每個人認定的「理想」和他人不盡相同。世界運作的方式就是有些如你所願但有些不會，試圖讓所有的事都遵循自己的要求是一種挑戰老天爺的逆天行為。

當你對於結果感到不滿時，有可能是你對事情的成功期望過高。

不過，「渴望成功」、「想在工作上獲得成就」和「想要效法某某人」這類的夢想，看起來好像跟期待很接近但本質上是不同的。期待是對自己無法掌握的結果懷抱想要控制的欲望。

當你氣憤地抱怨結果「怎麼會變成這樣」、「無法接受」時，也就表示你試圖想要控制結果。

結果是屬於他力，是由老天爺來決定，而不是由你說了算。

不要預設立場，請看事實

有情緒困擾問題的人，特徵之一就是他們會「把期待與現實搞混」。他們把「應該會是這樣」的期待當做是事實而且深信不疑，譬如說在職場上：

「那個同事剛才跟我說謝謝，但感覺他的口氣有點勉強……」

「最近那個人不太跟我說話，大概是因為之前對他發過脾氣……」

每個人都會做出這樣的預測和假設，但要小心處理，不要掉入把假設當成是事實這種模式。

人總是會用他們喜歡的方式來看待事實。

我們習慣把心中所認為的「正確答案」認定是事實，並且將之具體化變成現實。只是人世間的事情通常會基於你的看法而產生變化，有多少看法就會出現多少不同的現實。

因此，我們需要養成尋找其他觀點的習慣：「除了現在的想法，還有其他的可能性嗎？」

這種懷疑是以正向角度來審視自己，而不是負面貶抑自己的價值。

譬如換一種方式來檢視你在異性面前是何種形象？在老闆眼裡？在下屬眼中？或是在你伴侶眼中？

最重要的是尋找其他觀點存在的可能性，而不是尋找一個「正確答案」。

即使怎麼樣都找不到其他方法，也不要忘了你那唯一的想法有可能不是正確答案。

「想要拜託某某人介紹工作，但我覺得可能會被拒絕，因為他看起來總是很忙的樣子。」

「我的老闆態度很冷淡，他一定是不太喜歡我。」

「好喜歡那個男生，但這麼優秀的人不可能會看上我的。」

這些都只是自己的想像，不去問對方就不會知道真相。

只不過馬上跑去詢問老闆或是喜歡的對象可能有點難度，可以先仔細考慮這只是自己的預測還是事實。如果是預測的話，請你停止假設並把它當做是「目前還不知道答案，有待觀察」。

如果將來有機會直接詢問本人的話，建議你一定要去確認真相。

找尋看待事物觀點的練習

你對事物抱持何種觀點呢？我們可以試著把它找出來。對於每天發生的各種事情，有什麼想法、反應和感覺呢？一旦了解這些細節，就會知道自己待人處事的情緒應對。

接著我們來練習，準備好筆記本和筆，記錄昨天發生的所有事情，圈出那些觸動情緒的事情。然後試著寫下觸動你的原因。

譬如說因為知道有人在背後說你壞話而覺得難過，請試著寫下難過的原因，是因為對方是你自認為交情不錯的朋友嗎？還是因為「壞話的內容全部都是胡說八道」，或「沒想到那個人竟然會講出這種話」？總之，請寫下你能想到的全部原因。

請注意不要一直寫那些批評你的人的壞話（笑），我們的重點是要找到你受到批評時的情緒反應，並記錄當下的感受。

有很多感觸的那一天，其實就可以觀察到許多蛛絲馬跡。

有情緒反應並沒有錯，也沒必要檢討是對是錯，重點在於「回頭檢視」。回顧過去會讓你發現自己意想不到的一面。

竟然會為這種芝麻小事生氣！沒想到自己很有正義感耶！我比自己想像中更厚臉皮、沒想到我竟然很期待碰到這種事等等。

在這裡最重要的是「不要去批判自己」。

千萬不要用「肚量太小才會為了這種事情傷心」這樣的話來批判自己，而是以「我就是這樣的人」的態度來接受自己現在的樣子。

如果還有其他出乎意料的面向，也不能責怪自己，因為那是在無意識中表現出來的。

找到越多沒料到的面向，就能夠越深入了解自己。

以這種方式檢視自己的情緒，然後開始想像自己「想用何種情緒度過每一天」。比較兩者差異可以讓人意識到自己最想要的理想情緒，也是接下來要開始實踐的關鍵。

如果發現自己又重蹈覆轍，請在每次發生時將它記錄下來。

這個練習其實也是我自己一直持續在做的。

人可以透過視覺化方式（變成文字或數據）更客觀地看待事物，因此可以更準確地捕捉到腦袋中的思緒，只要找到某些事情反覆發生的原因，也就會找到解決的方法。

譬如說，明明很想改善職場上與直屬部下的關係，但自己卻總是變成一個愛潑冷水、感覺很刻薄的主管：

主管：明天要去○○開會，我們到時一起去喔。

下屬：嗯？是什麼樣的會議？

主管：欸！難道你沒看到會議通知嗎？

下屬：不好意思，我漏掉了。請問會議是幾點？

主管：對於連會議通知都不看的人，我不想回答他的問題。

下屬：對、對不起……

事件之後，主管心想：「糟了！我又說了不中聽的話。」然後把這件事寫在筆記本裡面：

「我又對下屬說了重話。」

「對於連會議通知都不看的人，我不想回答他的問題。」

「後悔中。」

筆記的重點在於事情發生當下，而且讓情緒發生很大變化，就要趕快記下來。

以這位主管的情況來說，當他心想「糟了！我又說了不中聽的話」時，就立刻記錄下來是最理想的情況。

反正也不是要給別人看，記錄方式只要自己看得懂就可以。可以是項目符號列表或塗鴉方式，把心裡的想法一股腦兒全部寫下來。隨時翻閱筆記，就會提醒你這件事的存在。

請確保全部都記錄在同一個地方，不要分散，這是基本原則。以我個人習慣，手機的備忘錄用起來還滿方便的，隨時都可以記錄。當然準備專用的筆記本手寫也沒問題。

每個月請以至少一到二次的頻率閱讀這些筆記。在回顧事情的同時，可以感受自己當時的情緒，並試圖找出事情發生的原因，這個時候先不要去否定這些情緒。

若是這位主管真心想要避免說出難聽的話，他會思考改用這樣的表達方式：「即使已經發了會議通知，也不是所有人都會注意到，有時候真的會漏掉。」這表示主管已經抓住竅門。

如果主管認為自己並沒有錯，他可能只會在筆記本列出這個沒注意會議通知的部屬有多麼混之類的事。

由於這個主管想要改變自己，從這裡可以看到他如何改變自己的思考模式，以及用何種角度切入看到自己的盲點，並且得到下次改進的觀察力。

以這種方法，在每次發生相同的模式時都記錄下來，意識就會慢慢增強，這也意味你將有更多的對策來處理問題。

第3章

創造讓焦慮感消失的「5個餘裕」

用「五個餘裕」創造平常心

人類的煩惱不外乎五種分類：財、體、心、時、人。財是金錢，體是代表健康，心是指精神，時就是時間，人是關係。為了維持平常心，這五件事中的每一種都必須留有一些餘裕。

不管你有多麼厲害，如果沒有保留「餘裕」，就無法正確控制自己的心。

很想存錢，但如果經常浪費也富不起來。

如果想擁有健康的身體，但常常暴飲暴食又不運動就容易生病。

精神上也是一樣，如果持續壓抑自己的真實感受並對自己撒謊的話，精神遲早會崩潰。當這種生活一直持續，隨著時間流逝的同時也失去與人建立良好關係的機會。

「餘裕」是營造平常心的重要關鍵。

生活越是留有餘裕的人，即使碰到棘手的事也比較不會受到干擾。容易情緒化的人，他們不管在「財、體、心、時、人」當中的任何一個都很難有餘裕。有些人是真的沒有餘裕，但有些人則是被自己的思考模式束縛而覺得沒有。

假設金錢和時間都是以十來計算的話，這個類型的人就會用到滿，造成時間一直不夠用，拚命工作直到體力負荷達到極限，而且會勉強自己與不喜歡的人交往。有很多人會嘗試把自己的生活填滿，甚至超載。

如果常常想要把事情做好做滿，那麼精神上必定會疲累不堪。只不過他本人可能也不想這麼做，只是因為無意識的習慣造成這樣的狀況。想要改變這種模式的唯一方法，就是有意識地創造自己可以迴旋的餘地。

人生常會碰到一些意料不到的事情，留一些餘裕以防萬一才是王道。接下來，這裡要具體列出如何創造餘裕的五種方法。

如何創造金錢的餘裕

我想每個人都明白金錢的重要性。錢之所以重要，不只在於影響日常生活，也攸關我們的精神層面。

不管心靈是多麼富足充實，如果薪水在入帳時就被各種費用扣光，我相信沒有一個人的心情會好。換個方式來說，有足夠的錢會帶來安全感，自我感覺也會比較好。

金錢和心情其實是同等重要。

就先從「錢」開始說起吧。接著將會介紹創造金錢餘裕的方法，方法雖有不少，但請大家先記住以下這三點：

- 明明還有錢，不要常把「沒錢」掛在嘴上。
- 記錄收支，想辦法讓支出低於收入。
- 感受儲蓄多於花錢的樂趣。

以下是詳細說明。

● 明明還有錢就不要說「沒錢」。

只要銀行存款餘額不是零，就不要常常把沒錢掛在嘴上！

過度省錢就是你把自己搞得「手頭很緊」的主要原因。

明明還有錢可用，卻滿腦子擔心「能夠支付這個月的帳單嗎？」「要更省一點才行！」「若不趕快存點退休老本真的會不夠用……」之類的想法。也就是這種想法才讓自己一直陷在感覺缺錢的窘境。

真正的沒錢是指銀行帳戶餘額是零，而現在這個社會不太可能有人窮到沒有一毛錢可以周轉。但即使這樣，還是有很多人老是嚷著沒錢而不開心。

即便你一直在擔心未來會沒錢，這也是一種時間上的「他力」，現在擔心也沒有用。

●請務必好好把關收入和支出，持續保持收入大於支出。

有些人可能會覺得「這不是理所當然的事嗎」？

雖然有道理，但就是有很多錢不夠用的人做不到這一點，而且習慣性地過著支出大於收入的生活。

如果想讓手頭比較寬裕，不是一直去兼差賺錢或是拚命地省錢，而是要從嚴格把關收支開始，收入一定要大於支出。

那些手頭很緊的人，若不是把收入全部用掉，就是花掉的錢遠大於收入。雖然我的主張看起來很平常，但是現實生活中就是有很多人一直過著入不敷出的日子。

●感受儲蓄多於花錢的樂趣。

最重要的一點是要了解不只花錢會讓人快樂，儲蓄也可以帶來樂趣。

花錢時腦袋會釋放多巴胺讓自我感覺良好，買東西也會讓人心情愉快，但我們不只能夠在花錢買物中得到快樂，請務必也試著找到儲蓄存錢的樂趣。手頭有一些錢，而且金額一直在增加，會讓人產生安全感。

如何創造身體的餘裕

「身體」的餘裕是指儲存健康老本，也就是讓體態維持在良好狀態。

身體覺得沉重疲憊會對精神造成負面影響，身體疼痛不適不僅會減緩行動力，也會失去做事的欲望。

而且不只是身體的疲勞和疼痛，老化也會有很大影響。

相對於年齡，儘管身體狀況還算不錯，但有時候是否會覺得自己老了？譬如說體力變差或是皮膚失去光澤？

老化是自然現象，哀嘆身體大不如前的心情我都懂，只是難過並不能阻止時間帶來的摧殘。

身體健康的可貴只有在失去的時候才有深刻體驗，失去健康會立刻影響工作表現，所以平常要注重養生，培養身體的「餘裕」。

這不是一本關於養生的書，所以不會著墨太多細節，**但創造健康身體的祕訣就在於「充分休息」**。

有些人在應該休息的假日，卻還在邁力工作或是滿腦子想著公司的事情。對這些人來說，工作是生活當中的優先順位。

在這個電子科技發達的時代，我們可以隨時藉手機閱讀工作相關的電子郵件或是查詢資料，雖然很方便但大腦並沒有得到休息。我覺得白領階級的精神疲勞比肉體疲勞更加嚴重。

先把「充分休息」當做第一要務吧。

另外還要確保充足睡眠，身體和大腦的疲勞只能透過睡眠來修復。

我知道你有很多重要的事要處理，但睡覺時間到了，請把事情擺一邊，切換成睡眠模式「什麼都不要想地好好睡個覺吧」！

如何創造精神的餘裕

要怎樣做才能確保「精神」有餘裕呢？

結論就是，如果在精神以外的事情，譬如說「財、體、時、人」都留有餘地的話，那麼精神自然而然會很輕鬆。請依照本書所寫的方法實踐練習。

不過這裡我想從另一個角度切入，那就是「聽從內在的聲音而不是腦袋的指示」。

我們的內心通常會有兩種聲音：腦中的想法和內心的渴望。腦中想法就是所謂的思考，乍看之下好像是屬於自己的，但事實上它大部分得自於他人。

譬如說嬰兒時期沒有所謂的頭腦思考，只有內心的聲音。

隨著成長，小孩子會學到「這樣做很危險喔」、「如果不這麼做家裡就會越來越窮」、「努力考上好大學，然後選一間好公司就業」、「別人的勸告好歹也要聽一下」和「雖然沒那麼喜歡但還是繼續做比較穩定」等等之類的話，然後這些話就變成了常識。

它們大部分會逐漸滲透然後變成腦內的想法。當然，這些想法並非都是壞事，只是隨著成長，腦袋裡充斥這類被灌輸的觀念。

而內心的聲音是來自於深層的內在以及渴望。

它會告訴你什麼才是真正想做的事情，例如「想要成為畫家」和「只想做喜歡的事情」。

只是，如果腦內的聲音太大就會抵消內心的聲音。大腦會思考失敗的風險而且感覺好像很有道理，但也因此阻止一個人採取行動、實踐內心的想法。

最終大家只會選擇必須做的事情或被告知應該做的事情，而不是自己真正想做的事情。

或許你一直被灌輸「雖然沒那麼喜歡但還是繼續做比較穩定」的觀念。但如果一直忽視內心真正的聲音，精神就不會有餘裕，最後只能帶著疲憊的心過一天算一天。

雖然這也並不全然是腦內思考的過錯，而且真正代表渴望的內在聲音和一直在保護你的腦內聲音，兩者都有它的重要性。

只是成年之後腦內的聲音通常會更加強勢，所以有時候也要試著傾聽自己內在的聲音。

方法就是想辦法抓住突然間閃現「想要做什麼」的念頭，如果狀況允許的話就盡快去做。

想到「要吃什麼」，那就不要猶豫，趕快去吃。

想學英語就不要用「現在沒有時間」當藉口，趕快去做就對了。可以先從小事和小願望開始著手。如果一直都擱著不做，就變成那種「做什麼都會一事無成」的失敗論者，經常被「最後還是沒有去做」或「如果那時有所行動就好了」之類的悔恨糾纏。

話說回來，也大可不必全部順從內心的聲音。

欲望一個接一個出現，想要全部都實現也沒那個美國時間和金錢。如果不加以克制而一味滿足「想吃東西」的欲望，也只會讓人發胖而已。

如果正在減肥，聽從大腦的聲音應該會比較恰當。

對於內心的欲望只要心領神會，也就是學會用意識來控制它。「現在想去夏威夷是吧，好喔！」「想打高爾夫球，好的！」用這種方式去接納欲望，不要否定它。

持續這樣做，慢慢地就能夠聽到越來越多內心的聲音。

這樣一來，生活中討厭的事情就會減少，也會撥出更多時間去做喜歡的事。

聽從內心的聲音可以創造精神上的餘裕。

如何創造時間的餘裕

在那些認為自己沒有餘裕的人裡面，缺少時間餘裕的人佔大多數。

「總是覺得時間不夠用。」

「工作很忙，回到家還要繼續做。」

「很想做點其他事，但抽不出時間。」

「想參加檢定考試，但沒時間讀書。」

這些抱怨讓我們了解，生活中若擁有可以支配的空閒時間是多麼重要。

一直在趕時間會讓心情不佳，也是身心俱疲的主因。

煩躁和易怒，在長期累積之後會讓本來情緒還算穩定的人，變得心煩意亂並容易遷怒他人。

社群媒體最常討論的話題，是在黑心企業工作因過勞而導致憂鬱症的問題，這些人就是因為時間完全被剝奪，精神被逼到絕境而走投無路。

另外，最近「可支配時間」的概念已經開始受到廣泛討論。所謂可支配時間是指「根據自己的判斷而自由使用的時間」，我認為現代社會對於這種時間的爭取只會越來越激烈。

很多人都覺得電視的收視率比起以前下降許多，但我個人覺得並不是電視節目變得無趣了，而是因為現在每個人都有手機和電腦而改變對時間的分配。

譬如說，即使已經下班了還坐在電腦前繼續工作、瀏覽網路、發送電子郵件、社群媒體發文、閱讀或跟親朋好友交談等等……因為有太多的事情要做、想做，所以時間分配變得很困難。

無論這個世界變得多麼便利、多麼有趣，每天也只有二十四小時。在意或是煩惱的事情越多，能夠支配的時間就越少。

那麼到底要怎樣做才能騰出多餘的時間呢？

答案其實很簡單，就是清空你的行程。

當你的行程安排出現空檔時，是否會為此焦慮而用一些不是特別感興趣的事來填補，然後說自已很忙呢？

很多人會把空閒時間全部都填滿。

只要一得空就會習慣性思考「好像可以再安排一些事情」，有些人可能會說：「如果沒有把行程排滿就會覺得焦慮。」也正是這樣的人才會滿嘴嚷嚷著：「我要更多時間！真的不夠用。」

沒有預定行程真的沒什麼大不了，而且實際上沒有預定是件很讚的好事。沒有什麼比不必做任何事更美好的了。因為當你把某件事列入行程表的那一刻起，它就變成必須完成的義務。

如果某一天沒有任何計劃，就可以做那些一直想做的事，也可以放空什麼都不做。

不要把行程排好排滿，也不要過度利用時間。

忙碌並不是一件好事。

如果能夠接受過度忙碌不好的想法，不只能夠改善時間分配和身體健康，而且也會讓心情變好。

如何在人際關係中創造餘裕

最後要講的是「人」也就是人際關係的餘裕。這個似乎有點難以理解，但它意味自己是否能夠妥善處理跟他人的關係。也許很多人都曾經這麼煩惱過：

「不擅長跟人哈啦，周遭都是我不太喜歡的人。」

「我已經結婚了，但跟家人關係不好。」

「我沒有可以傾訴的人，也沒什麼人了解我。」

「生活中大部分的煩惱都跟人際關係有關。」阿德勒心理學創始人阿爾弗雷德．阿德勒如此認為。因此，在人際關係中創造餘裕最重要的三個基本原則就是：

- 不要跟自己討厭的人交往。
- 明確地說No。
- 以關心和尊重的態度跟他人互動。

細節會在第五章〈如何與人互動〉做進一步介紹，但最主要的中心思想是「以關心和尊重為前提來跟他人互動」。

經常與家人爭吵的人往往都是不願意聆聽對方意見和建議的人。有一點很重要，那就是無論自己的想法跟對方有多麼不同，即使對方講的都是歪理，都要尊重、傾聽對方的意見，再適時表達自己觀點。

人在說話的時候會認為自己講的都是正確的，因而少了尊重和傾聽。

A：「你弄錯了！為什麼連這種事也不知道?!」

B：「我了解你的感覺，但可能是認知不同，所以……」

這兩句想要傳達的訊息相同，但以不同方式說出來，溝通效果和對方的感受也會差很多。

雖然看起來像是老生常談，但如果態度一直不調整，最終只會不斷爭吵，讓雙方都精疲力竭而已。

為了在人際關係中創造餘裕，學會用尊重的方式跟他人互動是不可或缺的潤滑劑。

有些人堅信自己的孤獨沒有人可以理解。

只是你真的是孤獨的嗎？應該至少有一個以上關心你的好朋友或家人，還不至於落到沒有半個人可以訴苦的地步吧！

通常這種人並不是找不到能夠依靠、傾訴的人，只是他們放棄去依賴或找人諮詢。

真正什麼都沒得靠的人並不多。

假設真的都沒有，你也不是住在荒島上，碰到麻煩時還是可以找到能夠諮商討論的機構，一定會有人伸出援手的。

第4章

重新建立「自我規則」可以消除憤怒

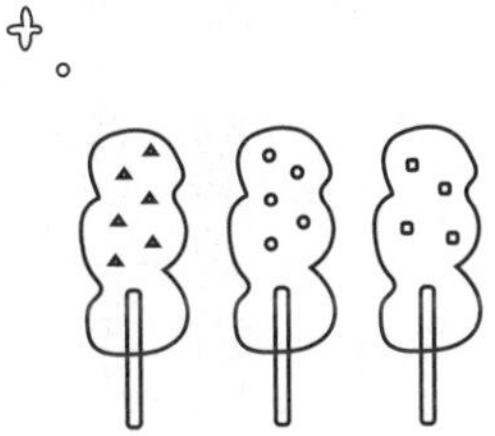

重新建立自己的規則

不管是誰，終其一生的過程中，都會抱持某種自認為正確而且毫不懷疑的信念。說得白一點，就是以自己為前提的價值觀，也就是「自我規則」，然後遵循這些規則過日子，譬如說：

「不要浪費時間。」

「比起讚美，批評會讓我們更加成長（所以生氣也沒關係）。」

「面對那些失敗的人，一定要想辦法鼓勵他們東山再起。」

「做人要公平。」

從某種意義上來說，這意味著有很多不能做的事。

有人可能會覺得「這只是我個人的價值觀，擁有自己的規則也不是什麼大不了的事」。

但實際狀況是一個人的規則越多，在人際關係中碰到的麻煩就不會少。因為**對自己有嚴格規定的人，幾乎都會用同樣的標準來要求別人**。譬如對時間要求嚴格的人，如果有人遲到了五分鐘，他們就生氣了。

雖然這本來只是自己遵守的原則，但後來卻變成不只自己要遵守，連帶也覺得是「普世」的準則。

碰到這種情況，規則就不再是屬於當事人自己的，而是「他去決定全世界的規則」。只要有人不遵守，這種人的情緒就會焦躁、無法容忍，甚至是攻擊別人。

若想要透過不生氣的習慣得到平常心，就有必要重新制定自己的規則。

不要把自己的規則強加在別人身上

首先，必須要了解自己到底有哪些規則。

個人規則有兩種類型：「自己創造的」和「從別人那裡得來的」。

前者是基於自己的經驗法則，後者通常是來自於父母或學校老師的教導，或是基於群體意識被規範而成。這其中包含從父母或老師那裡毫無保留概括承受而來的世界觀，並內化而成的規則。

這些都是個人的自由選擇，也沒有所謂的對和錯。

只不過，對自己遵守的規則規定越詳細、越嚴格的人，就有可能會因前面提過的原因而覺得苦惱或是出現適應困難。

所以當你重新建立自己的規則，也要重新設定適用範圍，也就是「不要把自己的規則強加到別人身上」。

如果規則只有自己要遵守，那麼大部分的問題都不會發生。

只要開始要求別人遵守你的規則，那麼日常生活只會碰到越來越多的挫折和人際問題。

有多少人就有多少規則，或許某些人會有類似想法，但不可能全然相同。即使看起來很像，但不會全部一致。

與人交往的基本原則就是，不要對那些跟自己的思考或生活方式不同的事情發表評論。

儘管這麼說，有時候還是會希望對方能夠聽聽自己的意見和想法，譬如說在工作或家庭方面。這個時候請你務必把自己的規則擺旁邊，用相對容易理解的方式來討論對方的規則。

當然沒有必要去遷就別人的規則或是拍馬屁，但可以用「原來也有這種想法！」來表達尊重，這是比較體貼和表達關心的方法。

體貼和表達關心是拋開自己的規則、努力與他人相處應有的態度。

如果做不到，還堅持「我的規則也應該得到別人的尊重」或「這是一般常識，好嗎？」之類的想法，那麼最終只會演變成自己的規則跟對方規則兩方僵持不下。

建議你花點時間觀察自己的規則跟其他人的規則到底有什麼不同吧！一旦了解其中的差別，焦慮或是生氣的狀況也會大幅減少，自然而然會開始容忍並接受對方的規則。

千萬要牢記以下這些概念：

「對我來說重要而且正確的想法，對其他人來說可能沒有那麼重要而且也不一定正確。」

「自己遵循的規則只是人類制定的眾多規則之一而已。」

放棄不必要的「父母規則」

承襲自他人的最常見規則就是來自於父母的教誨，也就是所謂的「父母規則」。

父母在日常生活中經常跟小孩灌輸「要幸福快樂」、「避免危險」之類的思考方式，這些會內化成為自己的價值觀，也自然而然會變成你的規則。

然而隨著時代改變，這些教導可能已經不合時宜或隨著年紀變大而不適用。譬如從小就被灌輸「上好大學、加入好公司是最好的生活方式」，但在當今不保證終身僱用的年代，這種觀念好像也不見得正確。

如果從小被教導「結婚生子就是女人的終極幸福」，那麼在女性進入職場工作已經變成常態的現代，女人在工作上表現越積極，就可能越覺得對家人有虧欠，或是為了沒有生孩子而內疚。

如果發現某條規則不適合自己，請務必捨棄它。從某種意義上來說，按照父母的教導會讓生活會更容易，因為不需要自己動腦思考。有些無法獨立思考的人覺得，照別人說的去做感覺比較輕鬆、安全而且有保障。

在職場上也是，只要照老闆的意思和方式去做，不用想太多就完成真是太方便了。如果把事情搞砸了，也可以把老闆拿出來當做擋箭牌。

同樣地，如果按照父母的建議來過你的人生，當事情進展不順利，雖然可以推說這全是父母的錯，**但到頭來承受痛苦的還是你自己啊**。因為一切按照父母的安排，當事情進展不順利的時候，不會有人為你扛責任，父母可能也不會挺身出來幫助你。

造成不當規則增加的原因

如果按照父母的建議而一切都進展順利，可能就沒有必要放棄規則。

只是如果人生出了差錯並讓生活陷入大麻煩，那可能需要重新調整。

假設規則的內容可以引導並讓你得到想要的生活，自然而然就會接受它並得到預期的結果。

但如果不是呢？如果你越來越不喜歡現在的自己，想做的事也都沒能達到預期，那就表示在規則設定和選擇出了差錯，才會經常碰到不想要的結果。

「大概是命中沒有桃花吧。」

「我一定是沒升官發財的命。」

說出這種話，把一切都歸咎於命運或為自己下這樣的結論，然後衍生出「只要努力就會有回報這種事根本不是真的」，或「想要依靠做自己喜歡的事維持生計是一種奢侈的幻想」這種負面的想法。

當你對某些想法深信不疑時，心裡就會把它認定是事實，導致下意識只會注意到那些負面的事情。在生活當中其實有許多有趣、讓人雀躍或是幸運的事情發生，但你的心卻被烏雲籠罩而沒有注意到這些小確幸。

如果老是碰到衰事纏身，代表是重新審視自己規則的時候了。你只是不小心誤用不適合的規則，趕快捨棄，另起爐灶絕對來得及。

人的價值沒有優劣之分

或許是受到儒家思想的影響，日本人往往會想要知道他人的年紀是比自己大或小、對方是大人或小孩、老師或學生這類具有上下關係的等級分別。

為了保持平常心，建議你去了解所謂的「平等觀」概念，並把它納入自己的規則當中。

平等觀就是「平等待人沒有高低貴賤之分」。

當學會用平等角度看待人和事，沒有貴賤高下之分時，那就可以平心跟任何人交往，而不會貶低他人或是顯得過度熱切。

如此一來，對於跟他人交往也不會產生過多的期望，心境會比較開朗。

每個人的能力、經濟狀況、經驗這類可以量化的事情雖然有優劣多寡之分，但是身為一個人的價值——也就是生命存在本身——每一個人都是一樣平等。不管年紀大小或是有名沒名，全部都是平等的，每個人都是有尊嚴的「個體」。

最重要的是千萬不要把一個人的價值跟他的地位、家庭狀況、年齡、成績、收入多寡或是他人的評價連結在一起。即使是作惡多端的罪犯，也是一個人生父母養、具有尊嚴的人。如果認為每個罪犯都是十惡不赦，那將會剝奪他們改過自新的機會。

如果無法擺脫不能違背父母、主管的原則，或是覺得應該聽從長輩教導的制式想法，那麼你可能是受到過多強制教育的影響。

主管不用說，即使是自己的父母都不能代表你自己，因為他們都是他人。

這裡並不是指你應該否定父母所有的教導，而是要像拋棄那些過時的父母規則一樣，把不合時宜的想法和意見全部擺到一邊吧！

偶爾也可以耍廢一下

如果你有條規則是「不要暴飲暴食」，那麼當偶爾吃得過量時，內心應該會產生某種罪惡感吧。

但是，如果能把這種想法換成「能吃到美食開心地度過快樂時光，覺得很幸福」，其實也不是壞事。

常常把「算了沒關係」、「反正也沒其他辦法了」掛在嘴上的人，會被認為是容易放棄、三心二意，但我想借用這兩句話來強調有時候人也需要放鬆。對自己的死心眼覺得很煩的時候，可以拿來當做轉換心情的藉口（笑）。

說得白一點，就是要原諒自己偶爾的放縱。

對自己要求嚴格的人很難做到這一點，堅忍不拔、莊敬自強都沒有錯，但如果要求太過火，最嚴重的後果就是內傷。

「算了沒關係。」

「反正也沒其他辦法了。」

如果面對不快的事養成這種習慣性的口頭禪或是建立類似的規則，就會大大減少生氣或焦躁的頻率。

雖然心裡不開心沒必要透露給別人知道，但自己要學會接受。只要接受「我就是這樣子」的事實即可，不需要進一步追究是好或是壞。

慢慢地，對於接收讓你不愉快的事會產生抗體，即使有人在後面搞你、做一些小動作或碰到不開心的事，也不會像以前那麼在意。

接受自己的情緒也有助於培養自尊心。

能做到這一點就能夠接受自己，只要覺得是對的事就放手去做。而做不到的人會因為沒有自信，轉而尋求他人的評價和認可。

當自己的價值是由別人的評價和認可來決定，能夠得到稱讚當然很好，但從中長期角度看來，這也會讓你很辛苦，因為自己會認定若不繼續採取行動來獲得認可和肯定，就會減損自我價值。

譬如說，某個比賽總共提名十個人參加，但最後只有一人勝出，這並不代表只有被選中的人才有價值，其他九個人也都有他們的自我價值，即便沒有被選中也不會減損本身的價值。

當一個人缺乏自尊並且在被肯定的方面得不到滿足時，往往會將成功或他人的讚揚與自我價值連結在一起。

不管如何，尊重自己而且不要被他人批評所束縛，這點才是最重要的。

好好地確認人生的優先事項

當你為自己制定規則時，最重要的是確認生活當中的優先事項。

譬如我的最優先是自己，接下來才是跟我一起住的妻子和兩個小孩。我的人生只要把照顧好自己和家人這兩件事做好即可，第三順位是父母、兄弟姐妹和其他親戚，第四重要的是我的工作（代表金錢），接下來是我的時間。像這類的排序應該每個人都有一些差異吧。

所謂生活優先順位的不二法則，就是「按照重視的程度給予適度的關懷和行動」。

如果對現狀不滿，請試著寫下自己理想中的優先事項。然後把它跟現在的優先順序做比較，思考為什麼順序會跟理想中的不同，並從那些容易改變的開始著手處理。

這個時候會阻礙行動的只有「惰性」而已。

明明知道公司剝削員工卻不敢跳槽，因為害怕到新公司要重新適應環境，或是覺得在這家公司已經待很久，目前狀況也還可以忍受……會家暴的老公有時也對我很好，跟這個人分手之後搞不好找不到更好的依靠……諸如此類因為害怕離開自己熟悉的環境而選擇不放手。

如果真的很想改變現狀，哪怕只有一丁點的念頭，都建議透過諮詢專家的協助來屏除這種「惰性」。

重新評估生活當中的優先順序，也會清楚知道如何面對自己、如何對待他人、家人、金錢與時間。

不懂得照顧自己的人，老實說也不可能好好照顧別人，因為不懂得如何關心他人。

越是珍視自我價值的人就越能夠關懷別人，人際關係大幅改善，與家人、伴侶、主管和朋友的關係也會變得比以前更好。

不要抱著「不應該生氣」的想法

在這個章節的結尾，想稍微著墨的是「覺得不該生氣」這條自我規則。到目前為止，已經談過許多養成避免生氣的習慣以及如何保持平常心，但是有些人會覺得不管怎樣都不應該生氣。

「種市先生，雖然從你那裡學到很多東西，但我還是會罵小孩耶。」有個客人曾經諮詢過這個問題。

應該生氣的時候本來就要生氣啊，這是可以接受的。

甚至我自己有時候也會生氣。正如第二章所提過的，這本書不是要教你成為聖人君子或是像佛陀一樣頓悟。

我想表達的是，如果不生氣、不要焦慮、心情不被情緒左右的話，那麼生活品質就會得到改善，但這並不代表生氣是一件壞事。

當你被家暴或是被虐待，當然會生氣；當你的小孩欺負同學或是做了什麼壞事時，家長不動氣才是有問題。

憤怒本身並不是一件壞事。

重點在於不要被自己的情緒左右。

請不要為自己設定任何「不可以生氣」的規則。

該生氣的時候就要生氣，該拒絕的時候就鼓起勇氣大聲地說不。

第 5 章

建立良好的人際關係及與人交往的習慣養成

人與人之間的緣分也是有壽命的

有很多人擔心自己的人際關係，但我認為這往往是因為他們不清楚自己想要跟何種人來往，以及到底要如何跟人交往。

如果在社交網路對每個人都很友善，最後的結果一定會是有很多不是你的菜的人都自動送上門。

即便無法選擇在生活中碰到誰，還是可以選擇跟何種人共度時光。

緣分也是有壽命的。有些關係只持續三個月，有些可以持續一年、五年，甚至幾十年。

當我們走在人生這條道路會遇到各式各樣的人，有些人會錯身而過，但有些人可以與你結伴同行。

關係持續很久並不見得全是好事。如果沒有認識那個人不知道有多好，或是早點跟那個人分手就沒事了……我相信很多人都有類似的經驗。

所謂的緣分就是在某段期間正好跟適合的人交往。

跟喜歡的人做朋友會讓人覺得自在，但到底怎樣才是覺得自在或是感覺不舒服，這會因人而異。譬如說有人覺得吃義大利麵發出呼嚕聲讓人不舒服，有些人卻不在意。

如果覺得不自在，那就不要勉強在一起或是避開不想看到的部分。這種價值觀的認知差距其實無解，即便建議對方吃麵時最好不要發出聲音，當事人若不覺得這事有什麼大不了的話，他們只會反問：「為什麼？」

如果不想跟某人有瓜葛，那就去做吧。只要能夠遠離不喜歡的人，表示已經贏了第一步。

落跑本身並沒有錯，但如果對方正好是職場上的同事或是主管，那就不能這麼做。

首先，建議先寫下對方的缺點檢討他們帶來的負面感受，但同時要認可對方的優點，譬如說「我應付不來的事，他都可以面不改色照單全收，這一點真的很優秀」之類的。

這樣一來，因為早有心理準備就不太會產生負面情緒，也不會表現在臉上。這樣做可以避免不必要的摩擦，而且也能夠跟不想來往的人建立還算順暢的關係。

換另一個角度，如果臉上表現出不屑，可能會讓雙方關係更加惡化，因為對方也會用「幹麼沒事擺臭臉？」的態度來回應。

「做出討厭事情的人」並不等於是壞人

同樣的，千萬不要把那些做出討厭事情的人當做是壞人。

人類是群居動物，一群人之間的同質性越高就越能夠團結並產生情誼。相反的，人會習慣性地把那些跟自己沒有共通點的人當做敵人或排擠他們。

當人們具有同質性，例如出生地、念過同一所學校，或者年齡相近之類的因素而聚集，但是和沒什麼同質性的人在一起也可以帶來某種刺激。

最好的範例就是伴侶，譬如說戀愛或是結婚的對象。有很多夫妻個性截然不同，例如其中一個人愛乾淨，另一半卻雜亂無章。

或許因此發生許多了爭執，但兩人仍然在一起，這是因為彼此相愛的緣故。如果某人用不同的方法做了讓你不快的事情，並不代表你就會因此討厭對方的全部。

換句話說，做了讓人不愉快事情的人並不一定是壞人。

做出讓人不愉快事情的人，只是在「他們認為是好的事情或是相信做什麼事情比較好」的認知與我們看法不同而已。

一個人就算做出討厭的事，那也只是他的一小部分而已。

如果能夠改從整體觀點來觀察對方，搞不好會發現這個人其實並不壞。因而接受這個人的言行舉止，自己的情緒也相對不會受到干擾，跟對方相處時較能保持平常心。

不管你有多麼看不順眼，對方正在做的事也是他們自認為是對的事。

即使對別人做的事有意見：「一般來說，應該要……」或「如果用常理來推斷的話……」由於雙方認定的常識可能不同，有可能講了別人也聽不進去。

有些人喜歡分享自己的經驗「一定要試試這種減肥方法」或是「那部電影是人生必看」，只是不論你跟對方有多麻吉，有件事非常重要，那就是「你喜歡的並不一定適合其他人」。當你在跟他人推薦某些東西時，請務必牢記這一點。

爭吵的時候該如何處理

人人都按照自己依賴或是珍惜的信念在過日子。

如果要問這些信念到底正不正確，有多少人就有多少種不同的答案。如果同意這種說法，那就比較容易從不同的角度來看問題。假使一味認為只有自己的規則才是正確的，那麼到最後一定會跟別人出現衝突。

自己認為正確的事情不會順理成章地成為對方的選擇。

我們認為正確的事以及事情的優先順序會跟其他人不同，有可能很類似，但絕對不會一模一樣。

原本爭吵就是在雙方理念有落差時才會發生。跟在意的人之間的爭吵，建議將其視為雙方為了彌補差距的溝通手段。

想法的落差沒辦法完全彌補，但可以透過溝通逐步縮小差距。

因此，當你想說出自己的真正想法時，需要先考慮這樣說是否會傷害到別人。說出當下的想法並沒有什麼錯，但所謂說話的智慧就是展現在表達、選擇使用的字眼和談話的時機。

夫妻和商業上的合作夥伴發生激烈爭吵並不罕見。如果雙方在爭吵中願意達成和解並一起解決問題，那麼分歧是可以彌補的。

如果雙方都有這種認知的話，那麼爭吵就是在變成更好的朋友之前的必經之路。

從「自己說」到「聽對方說」

在激烈爭吵後雙方可能無法馬上達成協議。在這種情況下，我覺得先暫停、等雙方都冷靜下來後再處理是比較好的選擇。

當你已經平靜下來，但對方情緒還是很激動，這時可以請對方「把想說的話都說出來」。

重要的是「去聆聽別人」而不是「請別人聽你說」。如果無心聽別人說的話，就好像是打從一開始就覺得自己才是對的，別人說的都是錯。

無論對方說什麼，都必須認真傾聽並試著了解對方的感受。

如果對方情緒激動，那就要像安慰哭泣的小孩，試著接受對方的情緒會是比較好的方式。

如果對方問你：「覺得要怎麼做會比較好？」這時你可以試著反問：「你真正的想法是什麼？」

即使問完之後，對方並沒有馬上說出真正的想法，也要不厭其煩地詢問：「你真正的想法是什麼？」

這會讓對方有機會說出自己的想法，也會滿足他們的自尊心，防止被壓抑的負面情緒以意外的方式爆發出來。

當你跟尊重的人意見相左時

當對方是你崇拜和尊敬的對象時，由於不想被討厭，通常人會傾向將對方置於自己之上並同意他們所說的話。但如果一直持續這麼做，你的自尊心就會越來越低。

人對於看不上眼或是覺得他們層次比你低的人，會不太在意他們所說的話，但想法卻常被那些「人生勝利組」的人所左右。

這裡要再度老生常談地強調一下，不管是什麼人的看法都不表示一定正確。他人的意見都只是一種看法，拿來當做參考即可。

如果意見只是一種個人的看法，那就不應該把他人說的話跟他們的人格混為一談，因為有時人在講話時沒辦法完整表達想法和意圖。

進行溝通時，先決條件就是單純地把意見當做意見，不要跟對方的個性混在一起。即使有人說了不中聽的話，也不表示這個人的個性非常糟糕。

透過能否正確交換意見，也可以看出對方對於別人意見的接受程度。

比較情緒化而且在溝通過程當中試圖要對方遵循自己設定情境的人，通常會想要控制別人。老實說，這種人最好不要過度接近比較好。

透過雙方規則的磨合
可以找到平靜

人都各自過日子，做著自己覺得理所當然的事。但理所當然的事會因個人標準而異，出現衝突也是很自然的事。

衝突本身並沒有什麼不好，我們只看衝突發生的原因，而不是去追究到底誰對誰錯。重要的是「磨合」。無論是跟家人、同事或是事業夥伴都是透過不斷地磨合來適應彼此並建立關係。

如果養成磨合的習慣，即使出現衝突也能知道要如何調整。

譬如說，A和B結婚之後共同生活，最常見的是在制定共同規則時發生衝突。

A：「地板只要兩天清潔一次即可！」

B：「不是喔，每天都要清！」

從擦地板到做飯之類的小事不一而足。

B：「只要專心做早餐就好了！」

A：「只是簡單的早餐而已，隨便做一下又不會花很多時間！」

結婚之前，雙方一直是依照自己的規矩分開生活，所以共同生活之後就會發生摩擦。碰到這類的情況該怎麼辦？

與其幫A和B在雙方規則當中選擇較好的一個，倒不如為這對新組合的夫妻建立全新的C規則來解決問題。

如果是單獨的個體，當然可以保持原狀，但要適用於一起生活的夫妻，那麼事先討論要適用哪些規則就很重要。

如果全部都遵守其中一方的規則，那另一方就必須要忍耐配合，久而久之就會有心結產生，很難長期持續。

不要單純只採用某一方的規則，而是應該互相妥協。

沒有磨合，溝通就無法成立。

去醫院的人是贏了還是輸了？

這裡想舉出個人經驗來分享。

在我成長的老家有條規則：「身體不舒服表示你沒有盡到照顧好自己的責任，是件丟臉的事，只要去醫院就表示你輸了。」

這讓我養成即使身體不舒服也要忍耐的習慣，但妻子的想法是馬上去醫院看診。

這兩種差異磨合的結果，我的規則改成：「根據以往經驗，如果身體不舒服卻一直忍耐，最後可能會傳染給小孩或是影響工作，所以我決定趕快去看醫生。」

有一次我被分配帶兩個孩子去醫院體檢，妻子則負責跟醫生討論並準備相關資料。那時候一聽到這種工作分配，我馬上覺得壓力很大，露出一副「哎喲，真是煩死人了！」的臉色。

我太太一看就火大了，很生氣地說：「那我自己帶他們去就好了！」

後來檢討自己當時為什麼會如此情緒化，才意識到：「啊！我是在一個去醫院會被認為是不負責任的家庭長大的。」

對妻子來說，去醫院根本沒什麼大不了，她不會有壓力，但對我來說卻是一件大事。

當我意識到這點時立刻向妻子道歉：「很抱歉剛才講了一些不中聽的話。」她也立刻回我：「不好意思，我的口氣也不太好。」

由於這次事件，我們增加了一條夫妻規則：「下次去醫院時，應該提醒自己避免給對方帶來壓力。」

「下次會更加小心」讓整個吵架事件在雙方磨合之後變成「幸好我們有去做」。

這是因為透過溝通，我們開始磨合以前從沒有討論過的事情，一起建立更多讓雙方關係更好的規則。

這件事讓我再次體會到，言語是加深相互理解、達成協議的好工具。如果我們只是用它來爭論「誰對誰錯」，那就太浪費了。

價值觀的優先順序也要討論

價值觀是一個人對於事物判斷的標準和先後順序。

例如，一個以身體健康優先、工作放在第二的人可能會因為身體不適、好像快感冒而提早下班。另一個以工作為第一要務、健康其次的人，即使感冒很嚴重、發高燒也要去上班。

這就跟個人規則一樣，世界上沒有價值觀完全相同的人。

因為很難遇到價值觀相近的人，只要碰到就會覺得相處愉快，但這並不代表雙方之間完全沒有衝突。

即使雙方有衝突，但也能夠透過磨合彼此之間的差異，把關係「變得更好」。所以吵架沒關係，重要的是如果每次都能夠磨合並克服難關，那麼雙方之間的感情就會越來越好。

最好的磨合方式是能夠在尊重對方價值觀的同時提出建議，譬如說對於不太重視居家整理的伴侶，可以試試以下的說法：

「不需要每天都做，能不能每星期抽出一天的時間，把家裡打掃乾淨呢？」

「小孩的玩具堆得到處都是，能不能收拾一下，至少讓走路時不會絆倒？」

「先試著維持餐桌及周圍的整齊，其他地方亂一點也沒關係。」

老實說，想要改變他人價值觀優先順序是件困難的事，建議先從小小的改變著手比較好。

不要追求完美，可能的話只要求對方先做好「部分」工作，而且也要確保對方的想法和立場也被尊重。如果單方面要求「把家裡打掃乾淨」，只會讓對方覺得好像做錯事被人指責而不開心。

「正確的事情」和「你以為正確的事情」之間就是不同。

「我沒有錯」並不表示就是「對的」，而只是「我覺得它是對的」。

「我覺得它是對的」是個人的解釋。如果它是一個事實，雖然可以判定是對或錯，但不能對正確或錯誤進行解釋，所謂的正確是指全部的人一致認定並贊同。

所以我們不能去否認任何人覺得是正確的事。說得更極端一點，即使是犯罪者也有他們認為是正確的事，或許有它的道理存在，不容許完全被否認。

當你無法理解對方時

如果你試著去調整跟對方的價值觀差異，卻發現很難理解對方所說的話，這時該怎麼辦？

答案很簡單，直接詢問對方即可。

如果誠心誠意地詢問「是否可以請你解釋一下？」或「這樣的解讀是正確的嗎？」相信對方也會敞開心胸回應。

請注意一件事，如果試著要去控制他人或改變別人的價值觀，無論提出什麼要求一定都會被拒絕。

如果善意的提問對方也不領情，這種人如果不是沒有意願與人溝通，就是非常固執或者是已經斷絕往來的人。想要跟這種人建立良好關係需要付出很大的努力，如果對方不是那麼重要，最好不要去蹚這種混水。

但如果是公司的主管或同事，無法置之不理時怎麼辦？在這種情況下，首先要做的就是盡可能不要跟對方有瓜葛。

如果做不到這一點，那就盡量不要用個人想法去衡量對方，而是試著把他們視為「追求共同利益的職場夥伴」，心胸放寬一點接納吧。

把個人價值擺在一邊，以公司或整個系統為考量來設定共同目標。

通常工程或製造部門的人跟業務部門的人會處得不來，是因為立場不同而且價值觀也不同，但是「把產品提供給客戶」對於製造和業務部門雙方都是共同目標。

儘管有不同的想法和立場，但有共同目標，如果你明白這點就能夠理解對方的價值觀，情緒就不太會被對方說的話或態度所影響。

最有趣的是，即使你們處得不好或是因為吵架而疏遠，但隨著時間過去最後又和好的話，雙方的關係也會變得更加穩固。

「本來關係已經壞到無可救藥，但最後竟然可以變成好朋友，真是不可思議啊！」這是因為雙方都有自信可以跟人建立良好關係。

一個能夠跟你吵架的對手自有它存在的價值，他們可以成為你的事業夥伴或是結婚的對象。

認真跟別人吵架的人是真誠的，因為他們願意面對雙方在堅持自己規則及價值觀上的差異。

如果不相信對方就不會認真與他們爭論。與親近的人吵架，是因為對方值得你信任才會吵得起來。

不要誇大你的假設，請認真了解對方是怎麼說的

當某人說了讓你生氣的話時，或許你會說：「那個人是這樣這樣批評我的。」

然而那個人只是「說了這樣的話」，但問題在於接收這句話的你把它改成「批評我」，這就是造成衝突的原因。

「說了這樣的話」是事實，但「批評我」則包含接收這句話的人的主觀判斷。實際上有可能是聽了對方的話之後，自己做了擴大解釋而扭曲對方話裡真正的意思。

每次我詢問那些信誓旦旦提到「那個人就是這樣批評我」的人：「對方真的說了這種話嗎？」他們的回答經常都是「雖然沒有真的這樣說，但我覺得很接近這個意思」、「對方一定就是這樣想的」、「我覺得他的話中之意就是這樣」。

這全都是主觀的判斷。

當你情緒化地哭訴「那個人對我講了一些難聽的話」時，是站在「明明我沒有錯……」的立場。

帶有敵意地把對方視為「壞人、罪人」來證明自己沒有錯，但這種做法根本沒辦法理解對方。

沒有人喜歡受到敵視。

如果只是因主觀喜好而看到對方壞的一面，請想辦法改變一下。因為敵意跟善意一樣很容易就會被察覺。

即使任何人說了讓你生氣的話，如果還想跟對方和解，就不要把對方當成「壞人、罪人」，而是應該下功夫與對方溝通。

就像你跟夥伴吵架，冷戰持續一段時間沒有見面或說話，你會反覆思考及解讀對方當時講過的話和態度，試圖理解他們真正的意圖和行為模式。

或許你會認為「不跟我聯絡，可能是對方沒有想要和好的意思。就算我去道歉並提議雙方言和，如果對方不領情那我也沒轍。」

但是，這並不等同於對方明確表示「不想和好」，而是你自己單方面的猜測，這種情況可能只是反應你的內心根本沒有打算真正跟對方談和。

反過來說，如果把對方沒有動作解讀成「叫我去道歉那是示弱的表現，我相信對方很快就會跟我聯絡」，這意味著你真的很想言歸於好。

若是因為沒有收到任何消息而覺得沮喪，即使是看起來像是示弱的行為，還是可以考慮主動聯繫。

要思考的不是自己「有沒有錯」，而是「講話方式正不正確」

通常關係破裂的原因是想要控制對方的支配欲。

任何人都有欲望和煩惱，這不是壞事。但如果把那種想要控制他人的欲望拿掉的話，比較有機會跟周遭的人建立良好關係，心情也會比較安穩。

所謂的控制欲是指要求別人按自己的意思去做事。有這種傾向的人通常會不知不覺使用這種字眼。

「必須要〇〇。」

「應該是〇〇。」

「我打算好好地做〇〇。」

因為一些瑣碎小事，譬如說在意他人寫電子郵件或講電話方式的人，會無意識地想要控制別人。

有人做了違反原則的事情讓我生氣，但這種憤怒其實已經跨越了自己與他人之間的界線。

當你開始生出對某人「這是你應該做的」的期待，它就已經變成永遠不會實現的願望了。

可以有「希望別人怎麼做」的想法，但這並不是指那個人就「必須這麼做」。即使認為別人應該做某件事，也不能使用強迫的方式。

當然也有例外，那就是職場的上下隸屬關係。

如果在職場的職位是下屬，依照指揮命令系統由主管交代部屬應該做什麼事是沒有疑問的。

公司成立的目標就是為了獲利，下屬本來就應該遵守上級所有相關的工作委託指示，只是主管下達命令的方式要委婉，而且態度要客氣。

另外，家庭和私人關係則不屬於這樣的系統。如果試圖像對待下屬一樣控制自己的家人，那是件很糟糕的事。如果在家的態度跟在公司一樣，你可能會很討人厭。

除此之外，當你開始把「人應該信守諾言！」或「確定已經完成了嗎？」掛在嘴上時請務必留意，因為你開始出現想要控制別人的想法，例如：「應該〇〇。」「打算做〇〇嗎？」

這種人習慣性使用「你打算用這種方法來解決問題嗎？」來攻擊別人，但當涉及到自己時，也會用「我打算這樣做」來為自己辯護。

「我已經做完」和「我打算把它做完」兩者有很大的差別。事實上就是有做或沒做兩種完全相反的情況。

譬如說，有人問你「有好好照顧老婆嗎？」若回答「我會好好照顧她」，這樣的回答是在掩飾沒有好好照顧的愧疚感，為自己辯護。

當工作上出現溝通不良造成的錯誤時，那些回答「我本來想要跟你聯絡」的人也是在找藉口，因為他們若不是忘了聯絡，就是聯絡過但事情交代得不夠仔細。

「已經聯絡過」和「我打算（應該有）跟你聯絡」以及「做過確認」和「打算（應該有）跟你確認」之間有很大差別。

越是在工作中想要得到自己期待結果的人，往往會認為其他人也會照他的意思做事。

如果這樣的人升官然後又帶了部屬，有可能會做不出成績。就像有些人適合當球員，有些人適合做教練，這個人曾經是優秀球員，並不代表他可以勝任教練的職位。

我們能夠控制的是自己想的、說的和做的（也就是我在其他著作中所強調的概念：意、口、身），除此之外別無選擇。

即使你自認為命令的口氣可以壓制對方的氣勢，但實際上對方是存在於他力範圍，不是你能夠控制的。

第一次就說「No」是必要的

跟有強烈控制欲的人打交道，例如性騷擾、權力騷擾的主管，或是有言語或肢體暴力傾向的伴侶，斷然拒絕並說「No」是非常重要的原則。

強烈表示「No」的時間點也就是第一次碰到的時候。

因為只要選擇原諒一次，會讓對方認為騷擾或暴力攻擊可以繼續。

以前大家似乎都覺得家醜不可外揚，保持沉默最好，但時代已經改變，如果不明確表達自己的想法，就表示容許對方得寸進尺，這樣更無法保護自己。

如果覺得工作量多到不合理的地步，那麼就要主動跟主管表達希望有人分攤的意願。

如果自覺很難直接找主管談判，那建議去找讓你能夠輕鬆表達想法的人，例如主管的主管、同事或資深的前輩，甚至是外部的諮詢顧問。

我認為許多人無法開口要求減少工作量，是因為他們被個人規則當中的「服從上級」所制約。會覺得自己的層級較低，只能默默承受、沒有其他選擇餘地。

然而因工作過量而犯了平常不會犯的錯誤，你只會逼迫自己更認真工作，最終可能因為走火入魔而崩潰。

建議重讀第四章並重新考慮生活規則和優先事項。

第6章

讓嫉妒心消失 培養自尊的習慣

把自己放在最優先順位，活出「自我」

想要有平常心必須先有自信和自我滿足。

那些經常感覺不滿足的人更有可能去嫉妒周遭的人，或是對他人的成功感到礙眼。

如果習慣性養成自我滿足的自尊心，心境比較開闊，就自然而然能夠保持平常心。

自尊心要如何培養？

教養孩子時請先確保孩子「有安全感及被愛的感覺」。讓小孩感覺到溫暖，他們會因為有強大後盾而萌生獨立的念頭。

同樣的，善待自己非常重要。

也就是把自己放在第一順位，這是人生當中最重要的要務。

生活不順的人大部分都是以「他人優先」的方式在過日子。

我覺得願意為某人而活是很讓人尊敬的事，但如果一直這麼做會讓自己失去一席之地，最後搞不清楚到底是在過誰的生活。

只有把自己放在第一順位時才能產生自尊。想要滿足自己也只能用這種方式，要不然即使再怎麼想去滿足所愛的人也做不到。

如果沒有體驗過什麼叫做自我滿足，當然也就無法滿足別人。

大家常說的「謙虛是美德」就是把他人置於自己之上的思考方式，或許這也是為什麼我們一直被灌輸「自私不好」的觀念。

但其實所謂的自私是一種誠實面對自己的狀態：「這就是我，我就是這麼想的。」

反過來說，如果一直優先考慮別人，其實就等於欺騙自己並且對外展現偽裝的一面，這也等於是在欺騙對方。

比方說參加一個不想去的聚會卻假裝玩得很開心，或是被迫喝下不喜歡的酒又不敢拒絕……之類的事。

傾聽自己的內心很重要，譬如說當你覺得身體不適或是最近太累，想要好好休息，只要碰到的要求是你不想要的，隨時都可以拒絕。

想要培養自尊心，千萬不要欺騙自己

尊重自己的祕訣就是不要對自己撒謊。即使你會去騙別人也千萬不要騙自己。

欺騙自己會抑制個人想法、意見和情感，並且扼殺個性。

如果一直持續這麼做，最終會變得沒辦法表達自己的想法和意見，也就是心灰意冷、失去鬥志。

那麼到底該怎麼做比較好呢？解方就是傾聽內心的聲音。這是最重要的概念。

有時候，可能會被分派到不喜歡的工作或必須跟討厭的人打交道。碰到這種情況可以想辦法表達自己的想法。如果真的沒辦法這麼直接，那也可以先聽聽自己的心聲。

如果明明就是不喜歡卻硬要裝出「我不覺得討厭」，那就是在欺騙自己。

不一定要透過行動或言語來表達，但請先認真「傾聽內心真正的想法」，就用這種方式開始練習吧。

不須滿足別人對你的期待，但可以對自己有期待

以自我期望為優先這種比較自私的生存方式，意味著自己主動去思考並採取行動，不管最後是成功或失敗都可以從中學到經驗。

如果一直都把他人的事當做第一優先，終究你會學到想要完全滿足別人是不可能的事。那些對自己人生還抱有期待的人，總有一天還是會轉向並誠實面對自己內在的欲望。

請思考一下這個問題：「如果繼續目前這樣的生活，以後會變成什麼樣子？」

如果可以看到一年或三年後的自己，想要做什麼或是期待達成某種目標的話，那麼繼續做現在正在做的事情也沒關係。

如果覺得自己期待的夢想看起來遙不可及，而且好像也沒什麼實現的可能，或許這就證明現在可能把別人的期待當做是生活的重心。

即使只是踏出那小小的一步，也請你務必要嘗試以自己為最優先的生活方式。

如果每次都要顧慮他人的想法，那我寧可被討厭

每次都以他人利益為優先的人或許會比較容易討人歡心，但情緒也相對容易被別人所影響。

因為這種人會把自己放在次要地位，不去聆聽心裡真正感受，也不知道自己到底想要什麼。

如果你有這種配合他人喜好的傾向，務必經常捫心自問：「最想做什

麼？真正的想法到底是什麼？」

剛開始可能很難挖出真正想法，但如果持續練習就會慢慢把內心深處的欲望釋放出來。

逐漸發現原來自己一直都是以他人為重心，最終會產生某種動力去停止相同的生活模式，並改變自己的人生優先順序。

不管多麼想要「誠實面對自己」，但就是無法改掉以他人為重心的習慣。我猜會有這種想法的人應該是無法擺脫被別人討厭的恐懼。

但請仔細想想，即使被人討厭那又怎樣？一點也不礙事！

最糟糕的莫過於被自己討厭。當你開始討厭自己的時候，就沒辦法培養自尊也會失去自信，連帶地也很難採取行動做些什麼事，遇到這種情況當然生活也就不順利。

應該要做的是誠實面對自我而且對自己好一點，最後再來考慮別人到底會不會喜歡你。請想辦法弄清楚這些事情的優先順序。

最不可能發生的就是很愛自己又能夠討所有人的歡心。

當誠實面對自己而且也真的採取行動，因而改變與他人的互動模式和態度，周遭的人剛開始可能會覺得「咦！他怎麼變這樣？」有這種反應是很自然的。

這種情況就跟你在打棒球或高爾夫時，剛開始改變招式而讓得分暫時下滑一樣，這是在適應新球路過渡時期的典型症狀。

經過一段時間，當你對真實的自我有更深入的了解，那些來接近你的人可能會跟以前不同，但相對能夠建立更好的關係。

珍惜當下出現的情緒

假設接到一位跟你出遊多次朋友的邀約，但你這次卻完全提不起勁。或是你曾經有過這樣的經驗，去了一家知名的美食餐廳，但是到了門口卻因某種原因而放棄。

以上兩種狀況都沒有明確的原因，只是因為某種直覺或是突然間湧現的「一種想法」，碰到這種情形，建議你就接受這種感覺並優先處理。

為什麼呢？因為直覺往往會透露出一個人的真實感受。

內心真正的感覺是不需要說明原因或根據。可以很任性地按照自己的感覺去做，即使你知道這樣做並沒什麼根據。

或許你曾經看到某種感覺還不錯的零食，很想吃但實際上沒有行動，因為心裡想著「我正在節食，吃下去會變胖，所以不能碰」。

同樣的，當你一直忍受某人的騷擾，即使心裡很希望「這個傢伙趕快去死」，當然也不會採取任何行動置對方於死地。

這種時候，先不管是否應該有所行動，都應該接受內心「想要吃東西」、「希望對方趕快去死」這種衝動的情緒，「即使正在節食但是看到想吃的東西，本來就會忍不住」、「長期受到對方的跟蹤騷擾，會產生這種想法也是很自然的」，學會去接受心中浮現的各種想法。

因為最真實的感覺會暴露在最衝動的情緒當中。

如果覺得「叫對方去死這種想法很可恥，一點都不像自己」，這樣想就不對了。

人的心沒有想像中那麼單純，有時候會胡思亂想，有時候也會有齷齪的想法。如果有人做了讓你無法忍受的事情，當然每個人都會覺得不安，所以從某種角度看來，出現齷齪想法也是正常的。

不要假裝不在乎心裡的感受，而是要接受其存在。

忽視自己內心的感覺並假裝事情不是自己所想的那樣，這就等於在欺騙自己。

如果一直對自己說謊，最後會搞不清楚真正的自己到底是哪一個，思考也會越來越偏差。不一定要把想法付諸行動，但務必要注意自己的感受。

接下來要做的就是跟那些讓你覺得不舒服的人保持距離，而且最好是避得遠遠的。

覺得為時已晚的事
請想辦法讓它成真

或許每個人都有過這樣的遺憾：「如果當初那樣做就好了」或「現在想這個好像太遲了……」

越是有這種想法，即使為時已晚也強烈建議趕快去做，絕對沒有「現在才去做沒有意義」這種事。

雖然為時已晚但我想成為○○。

雖然為時已晚但我還是有想做的事。

雖然現在說有點太遲但我一直都愛著你。

覺得「為時已晚」的事情，裡面可能藏著一直想要做的挑戰，或是從以前就想要跟某人交朋友的心情。但如果覺得「現在這樣做沒什麼意義」，就等於是否定自己曾經很想做點什麼的心情，也等於是否定曾經擁有過夢想的自己。

只要想起那個連嘗試勇氣都沒有的自己，用句佛家的說法就是「沒有成佛」。

是否曾經很鬱卒地覺得「無論做什麼都沒有用，因為怎樣都不會得到我要的結果」，或是「不管講什麼也沒人想聽」之類的想法？

如果有的話，那就表示還沒有修練成功。不管怎樣都建議把覺得「拖到現在才做未免也太晚了」的事情全部寫下來，然後一件件地去完成。

這個行動也就是「拯救心中有某種缺憾的自己」。

當開始盡最大的努力填補心中的遺憾，自然而然就會產生充實感。相反的，如果覺得為時已晚而放任不管的話，那表示你對自己的人生已經認命，或是覺得差不多就是這樣，已經沒搞頭。

這樣一來，當百分之百都按照父母、老闆和其他人的吩咐去做，結果還是有人抱怨的時候……你不會覺得自己實在很可悲嗎？

小時候買不到的糖果或玩具，等到長大之後再買也還來得及。

如果想成為歌手，可以先試著在小型的表演空間練身手。

如果想穿蓬蓬裙小禮服，可以偷偷去參加角色扮演活動。

千萬不要小看這種看起來有點阿Q式的自我滿足。**實際上，像這樣拉自己一把的方式就是自我滿足的極致表現。只有澈底地滿足自己才是維持平常心的關鍵。**

只要不滿足的根源一直留在心裡，不管怎樣都無法擺脫，而這種念頭會讓你產生自卑情結，甚至是嫉妒別人。

看到那些做自己喜歡的事而且日子過得很快活的人，對照覺得很無趣的自己。「我這麼努力地忍耐，而那個人卻活得比我好，這未免太不公平了。」因而引發羨慕或妒嫉的情緒。

或許也可以說，人之所以會羨慕別人，就是因為某些東西的匱乏而覺得不滿足，而這樣的人通常會對他人比較冷漠、刻薄。通常會出現某種心態：「我日子過得沒那麼順心，所以你也不能過得太逍遙。」進而下意識地去強迫別人跟自己一樣。

如果現在想不出特別想做什麼事，那就試著做一些「一直想嘗試的事情」。什麼事都可以，譬如說一個人出門旅行、高空彈跳、英語會話、學畫畫等等。

小時候很想踢足球，但因為個子比較高就被派去做守門員，或是想要當棒球投手，但因為長得比較壯碩而被指派當捕手之類的不愉快記憶，想辦法消除這類型的記憶會是不錯的做法。

這些過往的不快回憶都是造成內心不滿足的原因。

不需要顧慮現在才做會不會太晚，而是想辦法透過自我救贖而讓心態變得更加健康。

當你開始對自己感到滿意，自尊就會得到滿足，也同時提升自我價值。去面對「雖然有點太晚但還是想做」、「一直很想嘗試」、「以前很想做」這類的遺憾，可以的話就逐一實現它們吧！

滿足自尊會讓你的心達到最平衡的狀態。

專注於「想要的情緒」而不是「想要的結果」

被問到「夢想和目標是什麼」的時候，我想很多人都會回答，想要賺很多錢或是想找到一個好伴侶。

實際上，這些期望只是得到幸福的「手段」。

真正的夢想或目標是：抱著什麼樣的心情或是感覺去品味自己的人生？會以何種心情去看待找到夢想工作的自己？想怎樣度過每一天？請用這種角度去思考。

幸福的關鍵不是得到夢想的工作，而是想像著懷抱夢想的自己如何去享受這種快樂的滋味。

如果不去思考這些事，那麼即使夢想實現也不覺得已經得到幸福。

以想要賺很多錢這件事來說好了。我覺得人們是期望透過賺很多的錢來獲得安全感和穩定的生活。金錢只是一種工具，我們真正追求的是安全和穩定。

即使能夠賺到很多錢，但如果不能找到內心的平靜和安定感，仍然會覺得苦惱。換個角度來想，如果已經覺得很安心而且生活也平穩，就不一定要「賺很多錢」。

有很多人明明已經賺了夠多，但還是頂著高壓繼續打拚，因為他們會被「賺得還不夠」的不安和焦慮所驅使。

想要找個伴侶也一樣，我認為人真正想要的，是透過伴侶而找到跟他人的連結或是得到情感支援。

但有時候即使已經找到伴侶，也有可能因為某些原因而無法跟他們好好溝通而覺得寂寞。

為了避免發生這種不如人意的事，有必要清楚了解自己到底想要透過伴侶或是合夥的夥伴得到什麼。

- 我想在貿易公司工作，因為想體會變化和挑戰。
- 我想要享受眾人注目的眼光而決定創業。
- 我想享受花錢無極限的自由，所以要嫁給有錢人。

如果很清楚自己想要的，那麼願望實現時，就不會因為這不是自己所期待而覺得失望。如果只是不斷地用「手段」去實現夢想，就會出現「感覺哪裡不太對勁」或「覺得不夠滿意」的情況。

一直執著在使用手段會容易讓想法有偏差，不過對於真正想追求的感覺和欲望，態度積極一點也不為過。

但為了避免用錯方法走火入魔，最好要先確認自己真正想要的東西，然後再來考慮如何達到目標的手段吧。

第7章

如何接受失敗及焦慮的緊急對策

把做不到當成稀鬆平常事

任何事情都一樣，如果計畫沒有按照進度千萬不要馬上發怒，請把做不到當成稀鬆平常的事。

第一次嘗試當然不用說，即便是已經做了很多次也要養成接受「勝敗乃兵家常事」的習慣。

如果相信自己「一定可以做到」，就會害怕失敗和重新再來一次而導致沒辦法有新的作為。

明明做了越多嘗試就會累積更多的經驗和知識，但如果陷入只准成功不許失敗的焦慮未免有點浪費。

譬如說當你終於碰到心儀的女性並想跟她約會，只因為自己「常去那裡吃飯」，就打算帶她去一家大部分都是男性客人的牛丼餐廳。如果真的去了，我想任何追求浪漫愛情的女性應該都不會太開心，第二次約會很可能就此夭折。

從這個被拒絕的經驗當中，會讓人思考該如何安排讓對方開心的約會，下次當你又碰到喜歡的人時，就會改變策略並帶對方去她可能會喜歡的地方。

透過這種方式，人可以從經驗當中學習。

那些不容易採取行動的人一直覺得，他們不能讓其他人失望或辜負別人的期待。

即使別人並不這麼認為，但這些人卻單方認定就是這樣，換句話說這種人可能過於自我。

一個人的自尊心無論是高或低，都會有自我意識過剩的傾向。而且，雖然看起來好像有點矛盾，但自尊心越低的人越容易有過多的自我。

如果自尊心高就比較能夠隨心所欲地做任何想做的事情，不會在乎別人的看法，而且也會很快採取行動。

另一方面，如果自尊較低卻又不想讓別人看扁，往往會因為太緊張而猶豫不決。有些人覺得最好低調一點，要不然會被認為是愛出風頭。

這裡還要再強調一遍，只有透過行動才能改變「不可控」的現實世界。

如果真想要改變現狀，不管事情是否進展順利，只有奮力一搏採取行動才有機會。

「有做有得」法則

透過「做」這個行動，可以「獲得」某種結果。

以打高爾夫球來比喻，擊球的動作（做）使小白球飛出去，最後落到草地上（結果）。

為了改變小白球的方向和距離必須改變擊球方式（做動作）。檢討哪些地方沒有做好，譬如說擊球時的站姿不夠穩定、揮桿動力不足等等，並在下次擊球前做一些微調。

只是有很多人只會注意到白球往錯誤方向飛去（結果），而不是在意到底做了什麼事讓球飛錯方向，很多人只會把頭一扭看看球飛出去的方向，然後說：「咦？怎麼會飛去那邊？」

「變成什麼」既是結果也是狀態。我們很容易看到呈現在眼前的結果，但「做什麼」是來自於本身的行動，相對比較難以掌握。改變結果就必須先改變自己的行為，可以掌握自己的行為時，結果就自然會跟著改變。

我能理解當事情沒有按計畫進行時，想要不顧失敗的陰影並盡快東山再起的那種衝勁。

只是下次能夠達標的唯一方法不是執著於失敗這個結果，而是確認導致失敗的原因，及當初的決定到底有哪些問題並找到改進的方法。

譬如說被親友給騙了，可以用下列方法修正自己的思考方式及行為。

「因為我的個性比較容易相信別人，下次如果覺得哪裡不太對勁就要停下來想一下。」

「我很容易被別人利用，以後碰到不愉快的事情就要跟對方說清楚講明白。」

「沒有搞清楚事情的來龍去脈，就輕易答應他人是我的壞習慣，將來若碰到不了解的事情，要先弄清楚或是諮詢其他可以信任的人。」

活用經驗避免重蹈覆轍，如此一來人生也會越來越順利。

結果不會有錯

「結果」無法被改變，但我們可以檢視本身的無意識行為，譬如說檢查「當初到底是哪一步走錯而導致現在這個結果」。

人類之所以不想面對失敗、扭曲結果或只看到自己想看的部分，是因為我們一直想要說服自己當初所做的決定沒有錯，而且所有過程也全部完成了。

如果以「自己沒有錯」的前提來看待結果，那麼就會讓失敗看起來很荒謬，甚至是錯誤的。

但不管怎樣，結果就是結果，沒辦法否認或扭曲它，因為它就是百分之百真實的呈現。

即便認為「這種結果讓人無法接受」也沒得談，只能面對。「為結果而難過」等於為無法改變的事實悲傷，根本沒有太多意義，也不會有幫助，倒不如反省什麼環節出問題，這是提高下次成功機會的唯一方法。

這種模式適用於高爾夫球的揮桿，也同時適用於職場工作和做生意。

如果能夠反省自己的行為並做出改變，一定會看到結果的改變。

只不過凡事都是一步一腳印，不太可能修正之後立即發生神奇改變並得到想要的結果。

改變不會立竿見影，而是逐漸看到效果。

對於那些願意立即採取行動並堅持下去的人來說，變化的速度會更快，但這不是每個人都可以辦到的，而且也有可能在中途碰到狀況而被迫中斷。

總之，先試著養成經常反省結果的習慣，想辦法找到自己的行為模式吧。

培養樂觀面對不順心的習慣

結果不會有錯！也可以說結果是位在己力已無法觸及但是他力達到最大值的地方，也就是命中注定的。

可能是天、是神或許是佛，它超越人類的知識範疇、無法解釋、沒辦法影響，更是人類無法參與的神祕力量在運作，或許可以叫它老天爺或是一切能夠幫助想像這種情況的任何名詞。

雖然肉眼看不到，但有些人覺得天理是存在的，有的人則斥為無稽之談，其實怎麼形容都沒有關係。

這個世界發生許多大家不樂見的事情，譬如說恐怖攻擊、謀殺或是自然災害等等。即使大多數人都不想碰到，但也不能否認就是一直在發生。本來這個世界就是一直在變動，這也是為什麼它同時可以創造出讓人驚嘆的偉大事物。

人類無法選擇「澈底擺脫」不好的事，唯一能做的就是接受和面對並選擇用行動來減輕痛苦。若不想碰到恐怖攻擊或是殺人犯，那就盡量不要去那些可能會發生的危險地方（所謂的「危邦不入，亂邦不居」），平時儲備防災物資和食品，試著去了解世界形勢和恐怖主義的背景等等。

這個世界常常不按牌理出牌，如果只在「順心」的時候才會覺得快樂，那麼就注定承受痛苦。不管事情發展是順心或是不順心，從老天爺的眼光而言，一切都是稀鬆平常。

如果從更寬廣的角度來思考，即使發生不好的事情但搞不好是好事即將來臨的契機，或許可以開始思考「失敗為成功之母」這個老掉牙的金句！

老天爺雖然殘酷，但它同時也是仁慈的。

上天必定會給你回饋

在這個世界，會有事情不受控、不按照計畫進行，但也有順利的時候。不順的事情不會一直持續，順風車也難免會碰到逆風的時候。

算不出它的機率，而且也不是任何人可以決定的。

既然在「採取」行動之前，無法決定最終結果，所以一旦採取行動之後，所能做的就是等待。

老天爺對我們的行動一定會給予某種形式的回饋，但很難把這種回饋歸類是好或壞。

假設同時往天空丟出兩顆球，一顆掉落在右邊，一顆掉在左邊。這個時候該不會為這種結果沮喪地認為：「我以為兩顆球都會往右邊掉，為什麼球會分兩邊掉下來呢？」

掉在右邊代表成功，掉在左邊是失敗的意思嗎？當然不是，這只是自力所無法控制的結果而已。

不管如何，人類往往希望一切都按照計畫進行、覺得順應我心是件好事，但如果世界上每件事都如你所願的話，會出現什麼狀況？

如果打高爾夫球每次都一桿進洞，不會覺得太無聊嗎？

如果喜歡的足球或棒球隊員或是球隊都保證一定贏球的話，那根本也不需要球迷去加油了。

事實上就是因為可能會輸，所以才會一直去加油，這也是當球迷最有趣的一部分，不是嗎？

結論是「沒那麼順利」和「一切都順利」兩者同等重要。

養成檢討得失的習慣

有時當事情沒有進行得很順利，而且好像除了你之外其他人都沒出事。這時你會開始覺得不安：「為什麼只有我運氣這麼背？」

然而，事情絕對不是如你所想的那麼一回事。

很多事並不是自己眼中看到的那麼單純，人會習慣性地用自己的方式看他們想看的部分。而且往往只會看「別人風光的一面」，而不去看他們在背後做了多少努力或遭遇什麼挫折。

無論你我都有這種盲點。

只要意識到這一點，看待事物的方式就會改變。

當你在視野拓寬之後，就會自然而然地做全方位的觀察。

瞻前不顧後或是顧頭不顧尾，其實人類是有滿多缺點的動物。

或許真的是這樣，但搞不好不是

當看到某些事情並浮現一些想法時，我認為藉此養成「或許真的是這樣，但搞不好不是」這種兩面思考的習慣是不錯的。

假設感覺到伴侶好像有外遇，但除非對方點頭承認或是你可以拿出確切證據，要不然這件事可能是真的，也可能不是。

以我個人為例，當我腦中出現某種想法時，就會提醒自己啟動多角度思考模式，從不同的角度切入觀察，搞不好不是我想的這樣或是還有其他原因。

當你斬釘截鐵地說「肯定是○○沒錯」時，沒有什麼比「肯定是」更不牢靠的字眼了。

如果一直都覺得自己的直覺和想法一定不會出錯的話，這裡就有盲點囉，因為人會做出錯誤的決定。

如果能夠意識到這個盲點，不僅看待事物的態度會比較柔軟，而且自然而然也會變得更謙虛，比較不會太過執著某種想法。

當學會從不同角度去看待事物，就會更有肚量去接受結果。而接受事物的能力越強，就越能夠把那些意想不到的事情納入自己的預期範圍。

隨著思考範圍擴大，會讓你習慣「什麼事都有可能發生」。也就是說當達到這種境界時，表示你的心境已經打通任督二脈。

這樣一來就會更加游刃有餘，相信自己的判斷力並進而產生自信心。只要有了自信就更能夠專注於自身的行動，更能樂在工作本身而不會只對結果抱持太高的期望。

萬一結果沒有達到預期而產生憤怒或難過的情緒，可能是因為你對自己沒有盡力而覺得遺憾及自責。

如果已經盡到最大努力並專心工作，甚至可以坦然接受意想不到的結果。

不要害怕面對「不知道」的事情

通常在面對出乎意料的結果，不少人會出現「無法理解」的反應：

「咦，怎麼會變成這樣?!」

「竟然會有這種事發生?!」

有時候當我們試圖想要了解某些事，但由於結果是在他力範圍，因此這種嘗試可能沒有什麼意義，也就是先放著不管或是不要知道結果可能會比較好。

假設你一直對於無法理解伴侶的想法而苦惱，似乎能夠充分了解對方的心情煩惱就會消失，但你不覺得完全知道對方心裡在想什麼也是很可怕的事……

「知道」不是終極目標，但有時候「不知道」才是王道。

如果說這個世界是由我們不了解的事物所構成，其實一點也不誇張。這個世界和大自然架構的規模之大，人類腦袋只能理解到其中一小部分而已，因此出現無法理解的事情是很正常的。

平息憤怒的緊急措施

方法一：盡可能獨處

很生氣的時候，建議不要強迫自己一直壓抑。如果可以的話請獨處或避免跟他人互動。

情緒化的憤怒會讓人失去冷靜，常常會口不擇言，可能會把周遭無辜的人當成出氣筒，惡言相向。

在氣頭上的口不擇言有可能馬上讓雙方關係惡化，事後說不定還要道歉才能了事。因此在發作之前，趕快先找個沒人的地方，盡可能獨處或避免跟他人接觸以避開可能的麻煩。

方法二：深呼吸

情緒與呼吸息息相關，呼吸平穩的話，情緒比較不會受到干擾。生氣的時候，呼吸可能會暫時變得紊亂。也可以說，如果呼吸穩定，即使有人命令你馬上生氣也做不到。

當吸氣較少而且急促的話，活躍的交感神經會讓你更緊張；相反的，當呼氣增多而且把時間拉長，副交感神經系統居於主導地位就會有放鬆效果。

通常呼吸比較深的人心情相對穩定，呼吸比較淺的人情緒相對容易陷入紊亂。

覺得焦慮時，請隨時做深呼吸來調整情緒。

建議不要用力地急促吸吐，而是緩慢地徐徐吸吐，這樣可以讓你的呼吸更有力而且專注，讓自己平靜下來。

方法三・改變面對問題的說話方式

當你開始獨處也做了深呼吸，就開始修正浮現在腦海那些想說的話。最簡單的方法就是使用「意思相反的肯定字眼」。

例如心裡其實想講的是「你在開什麼玩笑？」可以試著把它轉換成「真的很好笑」之類的話。越生氣的時候效果越好。

如前面所提過的，情緒是對於意料外結果的反應。出乎意料本來就會讓人吃驚，而那些易怒的人在驚訝之餘常會有「憤怒」的反應。先想辦法改掉這種習慣吧。

範例：搭捷運時被坐在隔壁的歐吉桑碎念了幾句。

↓請你把「讓我一肚子火！」、「開什麼玩笑啊！」

改成

↓**「竟然被陌生人教訓！真好笑。」**

↓「碰到一個怪咖歐吉桑！過程還滿有趣的，有人想知道細節嗎（笑）？」

這種自嘲的方式，不僅可以在生氣的時候使用，也可以在沮喪的時候用。

譬如在拉麵店排了一個小時，就快要輪到自己時竟然掛出「明日請早」的牌子！這時不要說「搞屁啊，不要這樣搞我好不好」，改成「說真的，如果買樂透有這種運氣就好了」、「哈，竟然會碰到這種事！應該到社群媒體發文搏一下版面」。

挫折感是一種情緒表達，當那些你覺得不可能或是無能為力的事情發生時，你很想做點什麼去補償所出現的反應，請切記除了接受之外沒有其他選擇。

這是一種利用言語的力量來調整心情並減輕焦慮的做法。

你可以採用任何接受現實的詞語，例如：「這是有可能的，不是嗎？」「喔，原來如此。」「好的，我明白了。」

我自己常用的口頭禪是「真是太搞笑了」或「真的假的」。這是種碰到計畫出狀況或是發生不可思議事情時，透過自我挖苦來逗樂自己的方式。

「生活充滿了意外，前方總會有驚喜。」

這是我常掛在嘴邊的口頭禪（笑）。

如果每一件事都如預期般的發生，你會怎麼想？

如果一次又一次得到你想要的東西和結果，而且這種情況一直持續下去的話，這些源源不絕的東西和必然會發生的結果終究也有讓人厭煩的時候吧！

如果真有這種奇蹟發生，你根本就不知道要把精力用到什麼地方，生活也會覺得索然無味。

若不想過著無聊的平凡生活，那就假設人生會有驚喜和突發事件，可以的話就把這些事情當做是生活中的小樂趣吧。

結語

有意識地從微小改變做起

到目前為止個人所出版的書籍當中，有些話我一直重複強調。那就是人生是由自己無意識的習慣和選擇所架構出來的。通常，大部分的人不會有意識地去做選擇。

雖然有人說人生就是一連串的選擇。只是最重要的不是在人生轉捩點所做的重大選擇，也不是我們有意識地去做的什麼選擇，而是我們每天「不知不覺或無意中」在想法、講話和行為中所做的選擇。這些小小的選擇會串聯在一起並造就出你現在的生活。

只有一個方法可以改變這種不知不覺的無意識行為。那就是反省所看到的結果並意識到這些在不知不覺中所做的選擇，並且有意識地去改變某些部分，如此一來你的人生就會產生變化。

當你在閱讀這本書時，我猜你可能也同時在反省自己的日常活動和習慣，這意味著你已經踏出「改變的第一步」。

意識到每天是以何種情緒在過日子，光是這一點就足以改變自己的人生選擇。

人生只有一次，請停止過那種「說不出緣由」的生活。確認你想要獲得的感受和情緒，並有意識地去選擇並採取行動。

感謝你耐心讀完這本書。

國家圖書館出版品預行編目 (CIP) 資料

可以生氣，但不要動不動就發脾氣：養成讓人生好轉的不生氣習慣 / 種市勝覺著；盧姿敏譯. -- 初版. -- 臺北市：遠流出版事業股份有限公司, 2024.06
面；　公分
ISBN 978-626-361-671-4 (平裝)

1.CST: 憤怒 2.CST: 情緒管理 3.CST: 自我實現

176.56　　　　113005310

可以生氣，
但不要動不動就發脾氣
養成讓人生好轉的不生氣習慣

作者——種市勝覺
譯者——盧姿敏
總編輯——盧春旭
執行編輯——黃婉華
行銷企劃——王晴予
內頁設計——王瓊瑤
封面設計——謝佳穎

發行人——王榮文
出版發行——遠流出版事業股份有限公司
地址——104005 台北市中山北路一段 11 號 13 樓
客服電話——(02)2571-0297
傳真——(02)2571-0197
郵撥——0189456-1
著作權顧問——蕭雄淋律師
ISBN ——978-626-361-671-4

2024 年 6 月 1 日 初版一刷
2024 年 6 月 26 日 初版五刷
定價——新台幣 370 元
（缺頁或破損的書，請寄回更換）

YLib 遠流博識網
http://www.ylib.com
E-mail: ylib@ylib.com